SHODENSHA
SHINSHO

日比谷高校の奇跡

——堕《お》ちた名門校はなぜ復活し、何を教えているのか

武内　彰

祥伝社新書

はじめに

一八七八（明治十一）年九月、東京府第一中学として設立された当校は、二〇一八年に創立140周年を迎《むか》えます。この間3万人以上の卒業生を送り出し、明治から大正、昭和、平成の各時代において、政・財・官・学の多くの分野で日本のトップリーダーを輩出してきました。

進学面では、「一中→一高→東京帝国大学」という道筋がエリートとされた明治期から戦前までの旧学制下、「日本一の名門校」と言われました。戦後の学制下では一九六四年に193人の東大合格者を輩出、「日本一の進学校」と呼ばれました。ところが、東京都が一九六七年に導入した「学校群制度」の影響により、東大合格者が1人にまで落ち込み、一九八〇年代から一九九〇年代には「かつての進学校」「かつての名門校」などと揶揄《やゆ》されたこともあります。

私が都立西高校（以下、都立は省略）副校長等を経《へ》て、日比谷高校第27代校長に就任したのは二〇一二年。当時は二〇〇一年から始まった東京都の都立高校改革を受け、日比谷高校の校内改革も徐々に成果が出始めている時期であり、都内のレベルが高い子どもたちが再び日比谷高校に集まってきた時期でもありました。

二〇一六年には東大合格者が53人（全国11位・公立高校1位）となり、「日比谷の復活」などとメディアに取り上げられましたが、これは私一人が成し遂《と》げたものではなく、先々代の長澤直臣《ながさわなおおみ》校長が導入した校内改革が、先代の石坂康倫《いしざかやすとも》校長を経て、私の代で結実し始めたにすぎません（もちろん、私独自の校内改革も実施していますが、それは本文で言及します）。

このように、連綿と続く伝統と多くの人材を輩出してきた日比谷高校（以下、日比谷）は、東大合格者数にかかわらず、「全国の公立高校のフラッグシップ（旗艦）校」を自任しています。それは、年間を通して、全国から学校訪問が絶えることがないことからもわかります。

私は、日比谷の教員は都立高校でもトップレベルの教員団だと思っていますが、ドイツの文豪・ゲーテが「青年は教えられるより、刺激されることを欲する」と述べているように、生徒たちの知的好奇心をより高められるよう、今後も努力していかねばなりません。

現在、生徒の95%が部活動を行ない、三大行事（体育大会、合唱祭、文化祭）、生徒会、委員会活動に熱心に取り組みながら、毎日の学習、補習、各種講習に励《はげ》んでいます。「日比谷の生徒は本当に忙しい」と、校長である私も思いますが、生徒たちは自主的に日比谷伝統の「文武両道」を日々実践しているのです。

日比谷では「世界の各分野で通用するプロフェッショナル」、つまり「新たな知を創造する」グローバルリーダーの育成を目指していますが、その礎《いしずえ》となるのは確かな教養と豊かな人間性であり、「知《ち》の日比谷」「日比谷の教養主義」と言われる伝統と誇りが根づく当校にとって、まさに最適なテーマです。

なお、日比谷の文化祭は「星陵祭《せいりようさい》」と言いますが、これは隣接する日枝《ひえ》神社も含めた周辺一帯の高台が、古くから「星野山《ほしのやま》」「星ヶ岡《ほしがおか》（丘）」と呼ばれたことに由来しています。この高台からは、国会議事堂や議員会館など日本の中枢部が眺められます。

生徒たちは毎朝、最寄《もよ》りの四つの地下鉄駅からこの小高い丘の頂《いただき》を目指し、息を切らしながら急坂（13ページ上の写真）を上《のぼ》り、登校してきます。その歩みは、あたかも日比谷高校の3年間で、「自分が目指す高み」にすこしでも近づくための一歩一歩のようではないか、と私には思えてなりません。

今回、私の校長就任以来の改革や日比谷生の姿を書き記す機会を与えられました。墜《お》ちた名門校はいかにして復活を遂げたか、そのためにどのようなマネジメントをしたか、なぜ日比谷生は現役しかも塾・予備校に依存せず（通塾率の低さは、いつも他校から驚かれます）難関大学に合格できるのか、私立・公立を問わず中高一貫校がもてはやされるなか、なぜ保護者・生徒は日比谷を選ぶのか――をご理解いただければ幸いです。

二〇一七年十月

東京都立日比谷高等学校校長　武内《たけうち》 彰《あきら》

目次

第2章 校内改革——授業・教員・入試を変える

第3章 日比谷だからできること――中高一貫校との違い

第4章 日比谷生の勉強方法——なぜ通塾率が低いのか

終章 新大学入試と求められる人物像

本文デザイン 盛川和洋
編集協力 佐々木重之
図表作成 篠 宏行
写真撮影 関谷正亘（13、55ページ）
写真提供 日比谷高校（87、123、159ページ）
写真出典 『日比谷高校百年史』（31ページ）

通用門に通じる新坂。登校時に急ぐ生徒が多いことから「遅刻坂」とも呼ばれる

序章

V字回復

――東大合格者数の復活

中庭から校舎と星陵像《せいりょうぞう》を望む

東大合格者1人の衝撃

一九九三年春、東京都立日比谷高等学校は、大きな衝撃に包まれました。かつて200人に迫った東大合格者がわずか1人にまで落ち込んだのです。

日比谷高校は一八七八(明治十一)年、東京府第一中学として開校しました。以来140年の歴史を刻《きざ》むなか、東大(旧・東京帝国大学含む)への進学数は他の追随《ついずい》を許さず、卒業生から政界、財界、官界、医学、科学、芸術などの分野で数多くのトップリーダーを輩出する、自他ともに認める「全国一の超エリート養成校」でした。

しかし、東京都は一九六七年、のちに「日比谷潰《つぶ》し」とも言われる入試制度改革(学校群制度の導入)を実施します。この改革は「受験戦争の緩和《かんわ》」と「都立高校の学校間格差解消」が目的でしたが、結果的に日比谷、西、新宿、戸山など都立進学校の進学実績を凋落《ちょうらく》させるとともに、都立高校(以下、都立高)全体の実績をも長期的に下げる結果となりました。

さらに一九九八年、新宿高校事件(非常勤講師の不正活用が露呈し、校長など学校管理職等の大量処分が行なわれた)が発覚、社会問題となります。この状況に危機感を募《つの》らせた東京都教育委員会（以下、教育委員会）は、都立高の復権を目指すべく二〇〇一年、「進学指導重点校（後述）」の指定など高校改革に乗り出しました。

詳しくは第2章で述べますが、日比谷では同年、第24代校長・河上《かわかみ》一雄《かずお》氏のもとで独自入試を導入。その後、第25代校長・長澤直臣氏が教員の公募制を導入、改革方針に異を唱える古い体質の教員たちの意識を変え、自律的な校内改革を実践するなど、「新しい日比谷高校」のためのレールを8年間にわたり敷《し》きました。

都立高など公立校の校長は、原則として同一校勤務年数5年以上を異動の対象としており、長澤氏の8年はきわめて異例です。教育委員会の裁量で認められたのでしょうが、それは長澤校長の校内改革への取り組みと指導力が評価されたからにほかなりません。私も長澤校長の強力なリーダーシップに対し、大いに敬意を表します。

「改修校長」と言われて

「右肩下がりをV字回復させてください」

これは、私が日比谷の校長に就任した二〇一二年四月に受けた、東京都教育庁（以下、教育庁）からの電話です。長澤校長の尽力により、増加傾向を見せていた難関国立4大学（東大、京都大〔以下、京大〕、一橋大、東京工業大〔以下、東工大〕）と国公立大医学部医学科への進学者は、二〇一〇年に75人を数えたものの、翌年は66人、翌々年は63人と右肩下がりのトレンドを描いていました。それをV字回復させてください、と。

私は、復活を遂げつつある日比谷という名門校の校長を拝命した時から、重責を担《にな》う覚悟でいましたが、この時は「まいったな」というのが率直な気持ちでした。

というのも、当時は校舎の大規模改修が予定されていたからです。本来は先代の石坂康倫校長時代に体育棟と校舎を同時改修する計画でしたが、石坂校長の要望もあり、改修計画がずれこみ、校舎部分は未着手でした。

そして、改修工事が始まったのは、私の校長就任2年目。それから1年半ほど、グラウンドに建てた仮校舎で過ごさざるを得ませんでした。この環境のなかで、教育庁が望むような進学実績を残せるかどうか、なかなか自信を持てなかった、というのが本音です。

このため、校長就任当初は「改修校長」と陰口《かげぐち》を言われることもありました。私は東大出身の多い歴代校長とは異なり、私立大出身ですし、進学指導重点校の校長の経験もないため、「改修工事が終わったら、別の校長が着任するのではないか」と言う人もいたのです。

会議で主張を通す

とはいえ、手をこまねいてもいられません。私はまず、企画調整会議に「学校経営計画」を提出しました。

企画調整会議とは校長、副校長、経営企画室室長、学年主任、教務部、生活指導部、進路指導部などの校務分掌《ぶんしょう》（教職員が学校教育の目標を実現するため、校務を分担して遂行すること）主任などを集め、週1回開催されるものです。そこで、私は「質の高い授業をつくろう」「文武両道をしっかり貫《つらぬ》こう」「生徒の進路希望を叶《かな》えよう」という三本の柱に加え、入学者選抜における応募倍率などに対して数値目標を掲《かか》げました。

たとえば、入試の推薦選抜の応募倍率は4倍以上、学力検査選抜は同2倍以上ですが、「そのような数値目標を公《おおやけ》にすると、より多くの不合格者数を出すことを目標にしていると見られる可能性がある。学校として数値目標を掲げるのはいかがなものか」という意見もありました。私は「それなら、内《うち》なる数値目標として持っていよう」「何も公開する必要はない」と言って、修正はしたものの、主張は通しました。

いっぽう、V字回復を都に指示された、難関国立4大学と国公立大医学部医学科や難関私立大の合格者数の数値目標は公表していますが、校長がこの目標を達成するためだけの学校経営をすると、教員も生徒も受験至上主義に変わってしまいます。私は、上級学校に入るためだけの学びをしてきた人が将来のグローバルリーダーとして相応《ふさわ》しいとは考えていませんし、数値目標を達成するためだけの学校経営はしたくありません。

すると教員たちは、この校長は「東大合格者を何人出そう」ではなく「生徒の希望を叶えるために教員全員が力を合わせよう」「将来のリーダーとして活躍する生徒を育てよう」というメッセージを発しているのだと反応し、結果的に高い進学実績につながりました。なぜなら、東大志望者が一番多い日比谷生の希望を叶えれば、必然的に難関大学の合格者数も多くなるからです。

これは一例ですが、企画調整会議ではさまざまな意見や議論が出てきます。就任当初の私は良い反応だと思いましたし、あとから聞いたのですが、教員たちも「校長は意見を受け止めてくれるので、安心感を持てた」そうです。

実は、教員たちは、私が前任の翔陽高校の校長時代、積極的な学校改革を行なったことを知っていて、自分たちがどのように変えられるのか、戦々恐々としていたようです。

どの高校でも、すべきことは同じ

日比谷の学校経営の三本柱を前述しましたが、これは日比谷だけのものではありません。

私は、前任の翔陽高校でも日比谷と同様のメッセージ、「勉強も学校行事も部活動（以下、部活）もみんなでがんばっていこう」「一人ひとりが進路希望を描いているのだから、そこに向けてあきらめないでやっていこう」を着任の挨拶《あいさつ》で送っています。この時は、さらに「チーム翔陽」というキーワードも用いました。「君たちはチームの一員なのだ。私たちは全力で君たちをサポートしていくよ」と話すと、全校生徒が拍手をしてくれました。

その後、複数の教員が校長室に来て「先生のメッセージに感動しました」と言ってくれました。そこから、学校改革が始まったのです。

私は放課後にさまざまな部活を見たり、生徒会室へ立ち寄って生徒たちと話をしたりするなかで、どの学校でも行なっている教員の授業評価にもとづいて、「生徒の代表の君たちと、われわれ教員と保護者の代表を交《まじ》え、翔陽高校の授業を良くするための協議会を設けないか」と提案すると、生徒はやる気になってくれました。教員たちは当初後《うし》ろ向きでしたが、保護者たちが賛同すると、彼らも反応してくれました。

このような取り組みを通して、「校長はよく見ていてくれる、応援してくれる」と生徒たちは感じてくれたのではないかと思います。また、生徒、保護者の応援を受けて、私が描く理想の学校に向けて尽力できたことは本当にありがたいことです。

余談ですが、私が翔陽高校から日比谷高校への異動が決まった時、「校長を異動させないでくれ」という署名を集め、「都知事に提出してもいいか」と、保護者が校長室を訪ねてきてくれました。今となってはいい思い出です。

改革の始まりは、些細《ささい》なことから

では、生徒たちの希望を叶えるためにはどうしたらよいのでしょうか。

私はまず中庭の星陵像（13ページ下の写真）の前に毎朝立ち、登校してくる生徒たちに「おはよう」と声をかけることから始めました。日比谷生のイメージを1年かけてつかもうとしたのです。これは、長澤校長も石坂校長も「健康観察」と称して、行なっていました。

当初は「おはよう」と声をかけると、「おはようございます」と挨拶する生徒もいれば、返事が返ってこない生徒もいましたが、声をかけ続けるうちに、目と目が合うとおたがいが自然に挨拶するようになりました。

同時に実施したのは、「質の高い授業をいかにつくるか」。具体的には第2章で述べますが、知識の一方的な伝達ではなく、教員が投げかけをする。それに対して生徒と教員、あるいは生徒間でやりとりがある場面を設定します。その後、生徒のさまざまな考えが引き出され、最終的に教員が到達させたい既存の知識へと導いていきます。

さらに可能であれば、今勉強していることが最新の学問・研究とどのように結びついているか、そのつながりを見せたり、それが生徒の志望する難関大学でどのように出題されたりしているか——を踏まえて授業をつくるのです。

実は、ここが一番重要です。授業を魅力的にして、しかもそれが学問探究や受験勉強にもつながることを示して、生徒のやる気に火をつけることができると、主体的な学びへとつながっていくのです。

休日の進学塾巡り

日比谷高校の校長が休日に進学塾巡り、と言うと意外に思われるかもしれません。しかし、日比谷の教育理念を理解・共感してもらえる中学生（保護者を含む）に入学してもらうには、進学塾で行なう講演会は大変重要です。

なにしろ、日比谷で学習塾に通わずに入試を突破してきた生徒は2割ほど。これは正式な調査ではありませんが、残りの8割は何らかの学習塾で受験勉強をしていたのが現状ですから。

私は、教育理念はもちろん、日比谷で行なう授業、部活、学校行事を正しく伝えるために、規模の大小にかかわらず、塾からの講演オファーは積極的に受けるようにしました。そして、必ず次のように言います。

「自分は学力が高いから進学実績の良い学校に進学したい——これだけの理由で日比谷を選ばないでください。というのも、日比谷は将来のリーダーを育てる学校ですから、受験と関係ない科目も勉強してもらいます。文系も理系もありません。すべて履修するのが日比谷です。そして、教養の土台をしっかりと身につけ、そのうえで大学や大学院で専門性を積み重ねてください。そのような人こそ、ゼロから1を生み出す創造的な思考力を持つ人物になるはずです」

さらに、「ただの頭でっかちでは、けっしてリーダーにはなれません。リーダーとして認められる存在になるには、豊かな人間性を持っていなければなりません。ですから、日比谷生は部活も学校行事も全力で取り組みます。そのような経験をしてきた人が社会に出ると、人の良さを引き出し、成果につなげるリーダーになるのではないでしょうか」と述べ、そのために授業はこのようにしています、部活や学校行事はこうです、海外派遣研修にはこのようなものがあります、とプラスアルファの魅力をアピールし、最後に進学実績を説明して終わります。

その結果、別の都立高や私立高を志望していた中学生が、「日比谷のことがよくわかった」「校長の目指しているものがよく理解できた」と言って、志望先を日比谷に変えたケースもけっして少なくありません。

生徒の意識が変わった！

講演の効果かどうかは不明ですが、二〇一三年から入学してくる生徒の意識が変わり始めました。日比谷の教育理念を理解した、意識の高い生徒たちが集まるようになった、と感じています。

それを端的《たんてき》に表わすのが、夏の臨海合宿の参加者数。以前は多くても40人ほどでしたが、最近は80人、90人と急増しています。「臨海合宿は楽しいから、参加者数が増えても不思議ではない」と思われるかもしれませんが、日比谷の臨海合宿は、120年の歴史を持つOB・OGによる水泳指導団体・一水会《いっすいかい》による厳しい指導で有名で、海水浴を楽しむようなものではありません。

まず、今まで経験したことのない古式泳法《こしきえいほう》を4日間習い、最後の5日目は3キロメートルの遠泳。その間、参加者たちは卒業生に大きな声で怒鳴られるなど、大学の体育会なみに絞《しぼ》られます。卒業生たちは生徒の命を預かっているからこそ、厳しく接しているわけです。生徒たちも、地獄の5日間のなか、先輩たちは「自分たちの安全を守るために厳しく接している」「本来的な愛情に根差した振る舞いである」と気づきます。

すべてのプログラムが終わり、生徒たちが久里浜《くりはま》港からフェリーに乗ると、指導した一水会の連中が、一列に並び校歌を歌い始めます。生徒たちもデッキに並び、涙を流しながら手を振ります。やや感傷的ではありますが、これも日比谷に連綿と受け継がれてきた伝統です。

なお、臨海合宿の参加者は全員「水褌《すいこん》」と呼ばれる白いふんどしを着用します（123ページ下の写真、女子生徒はスクール水着）。当初は、水着でもよかったのですが、生徒たちがいつの間《ま》にか自主的に「一中時代からの水褌で通そう」と決めて、全日程着用となりました。このため、私たち引率《いんそつ》教員も水褌を締めるようになりました。

日比谷生の特徴

日比谷生に対し、どのような印象をお持ちでしょうか。ガリ勉で成績だけを気にする生徒が多いのではないか、と思う人がいるかもしれません。私も校長就任前は、都会的なドライな生徒が多いのではないかと勝手に想像していましたが、実際に付き合ってみると、けっこう人懐《ひとなつ》っこく、コミュニケーションを求めているのではないかと感じます。

たとえば、大学入試を目前とした苦しい時期に、「添削がすごく良くなっている、とA先生から聞いているよ」と話すと、ニコッとしてすれ違うのです。その後、合格発表の日に、「合格しました。ありがとうございました」と校長室にやってくる。そして、「自分が苦しい時に、ひと声かけてくれたことがとてもうれしかった。励みになりました」とお礼を言って帰ります。

また、廊下で「どうだい、調子は」と尋《たず》ねると、「先生、何でこんなに勉強しなければいけないんですか」と、その場でピョンピョン飛び跳《は》ねる女子生徒もいます。つまり、日比谷生と言っても、普通の高校生と変わりません。

ただ、授業での集中力や、その場の空気を読む力は高いと思います。たとえば、全校集会で最初ザワついていても、誰かが登壇すると私語がスーッと引いていく。教員ならわかると思いますが、これができない高校生（大学生）が多いものです。

その他、勉強、部活、学校行事など、計画性を持ってこなしていくモチベーション、自主性、実行力も高い。これは、日比谷で養《やしな》われたものというより、中学校までの生活のなかで培《つちか》われたものでしょう。なにしろ、中学校の生徒会長経験者が1クラスに平均5人いるのですから。学級委員経験者はさらに多い。中学校時代、彼らはリーダーでしたが、日比谷では部活や学校行事のフォロワーとして、リーダーを支える経験をして人間的に成長し、卒業していきます。

いっぽう、日比谷の教員たちは、良識的な人が多いという印象です。職員会議で不規則発言をすることもないし、校長の言うことを冷静に理解しようとしています。また、生徒の面倒見が良く、頼もしい熱血集団でもあり、日比谷生を支える有能なプロフェッショナルです。

44年ぶりの東大合格者50人超え

二〇一六年春、日比谷の東大合格者が44年ぶりに50人を超えました。現役・浪人合わせて53人（現役27人、現役合格率50・9％）は、全国の公立高校のなかでトップ、マスコミにも取り上げられました。

この結果には感慨深いものがあります。なぜなら、現役で合格した27人は二〇一四年に入学した生徒で、進学塾などで私のメッセージを聞いて入学してくれたのかもしれない、私にとって1期生とも言える生徒たちだからです。

実は、彼らの入学当初、学年主任は私に「3年後に東大に50人行きますよ」と言っていました。私は「僕もそう思う。そのような層の子たちが入学してきたと思う」と何の根拠もないまま返答しました。もちろん、これはオープンにはしませんでしたが、結局、学年主任の言う通りになりました。

いっぽう、二〇一七年の東大合格者数は45人（同33人）と50人を割り込みましたが、現役合格率が73・3％と高いのが特徴です。

中高一貫校と異なり、日比谷の生徒は3年間で勝負しなければなりません。しかも、通常の授業に加え、学校行事、部活などに尽力している生徒がほとんどです。そして、高校3年生の九月の星陵祭が終わると、4カ月を切った入試に向けて気持ちを切り替え、最後まで集中し、突き詰めていく集団に変貌します。その集中力こそ、現役率を引き上げた理由かもしれません。

私が校長に就任してから3年間の現役進学率（全大学）は55％前後と、あまり高くありませんでしたが、4年目に65％になりました。私としては、東大をはじめとする難関大学も含めて60％は現役で入学できる学校にしたいと思っています。

それは日比谷の教員たちにも言ってきましたし、数値目標としても掲げています。今後の結果を待ちたいと思います。

永田《ながた》町にあるのに日比谷高校⁉

進学塾などの講演会で「日比谷ではなく永田町にあるのに、なぜ日比谷高校なのですか」と聞かれることがあります。

その答えは、日比谷高校の長い歴史のなかにあります。

日比谷高校の前身の東京府第一中学は日比谷公園の隣、現在の東京地方裁判所がある場所に建設されました。しかし一九二九（昭和四）年、現在の永田町2丁目に移転。戦後の一九五〇（昭和二十五）年に新制高校としてスタートする際、もっとも長く校地があった旧・麴町《こうじまち》区西日比谷の地名にちなみ、日比谷高等学校と名づけられたと言われています。

なお、「永田高校」という名称も検討されたようですが、ＯＢたちの要望もあり「日比谷高校」が選ばれたのです。

さて、ここまで日比谷の現状と私のかかわりを見てきました。次章では、東京都が実施した学校群制度の影響と日比谷の校内改革に焦点を当て、掘り下げていきます。

1922(大正11)年に撮影された東京府立第一中学校時代の正門

第1章

堕《お》ちた名門校

——それは学校群制度から始まった

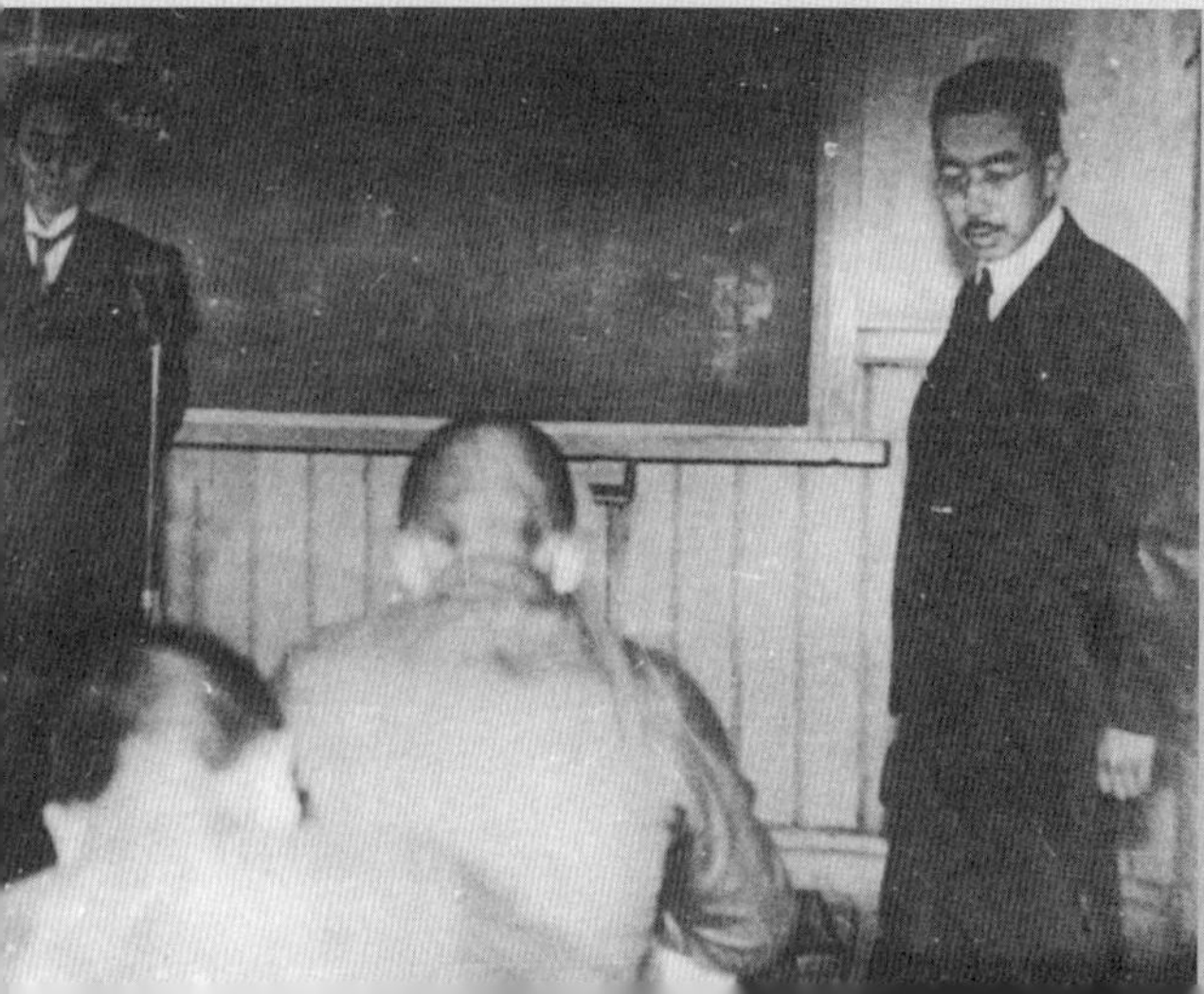

1946(昭和21)年に来校された昭和天皇

一八七八年の開学

「まことに小さな国が、開化期をむかえようとしている」

これは、司馬遼太郎《しばりようたろう》の『坂の上の雲』の冒頭です。幕末の過酷な戊辰《ぼしん》戦争を経て成立した明治政府は、さまざまな困難に襲われるなか、近代国家建設に邁進《まいしん》しましたが、これを司馬遼太郎は「開化期」と記したのです。

当時は教育制度も開化期にあり、一八七二（明治五）年にわが国初の「学制」が発布され、5年後の一八七七年に東京大学を設置。当校の前身・東京府第一中学も、まさにこの開化期の一八七八年に開校しました。

「一中」という校名が示すように、東京で最初の5年制の旧制中学です。その後、二中（現・立川高校、一九〇〇年設置）、三中（現・両国高校、同一九〇一年）、四中（現・戸山高校、同一八八八年）と、次々に明治時代の後半に開校しました（高等女学校は除く）。

なお、数字の順番と設置年が合致しないのは、四中は東京府尋常《じんじよう》城北中学校として先に開校したためです。

いっぽう、政府は一八八六年の中学校令、一八九四年と一九一八年の高等学校令により、第一高等学校（東京）、第二高等学校（仙台）、第三高等学校（京都）など、設置順に数字を冠した旧制高等学校を全国に8校設置しました。いわゆる「ナンバースクール」です。

これら旧制高校と現在の高校は混同しやすいのですが、現在の高校は、中等教育後期課程であるのに対し、旧制高校は現在の大学の教養課程に相当（高等教育）し、日本各地に設立された帝国大学の予科であったり、医学や法学、工学などの専門科に分かれたりしていました。

したがって、東京帝国大学入学を希望する生徒は、基本的に旧制中学卒業後、まず一高に進まなければなりませんし、東北帝国大学を希望する場合は二高、京都帝国大学は三高へというわけです。さらに、各大学の募集人員数と旧制高等学校の卒業者数がほぼ同数ということもあり、旧制高等学校入学者のほとんどは、東京帝大なり京都帝大に入学できたということです。

つまり、旧制高等学校に入学する者は帝国大学への進学を約束された当時の「超エリート」であり、特に「一中→一高→東京帝大」がエリート中のエリートと言われました。当校の前身・東京府第一中（その後、東京府中→東京府尋常中→東京府中→東京府第一中→東京府立第一中（31ページ上の写真）→東京都立第一中と改称）は、多くの一高進学者を輩出しました（図表1）。

戦時下でも、軍歌を歌わず

日比谷の一九〇〇年代以降の躍進は、一九〇九（明治四十二）年に第10代校長に就任された川田正澂《かわだまさずみ》氏の功績が大きいと私は思います。川田校長は一九一三年三月〜一九一四年六月に欧州を歴訪、イギリスのパブリックスクールのイートン校やハーロー校に触発され、リベラルな校風を日比谷に取り入れるとともに、現在まで引き継がれる「自主・自律」「文武両道」の精神を定着させました。

この影響は、戦時色が濃くなる一九三〇年代後半〜一九四〇年代前半の授業にも表われています。ある古いＯＢは「太平洋戦争が本格化するなか、一中の授業は軍国主義を感じさせなかった。英語の授業は外国人教師が行なっていたし、音楽の授業では

図表1　旧制一高の入学者数（1934〜1942年の累計）

順位	旧制中学（現在の高校）	人数
1	府立第一（日比谷）	430
2	府立第四（戸山）	234
3	府立第五（小石川）	207
4	第一神戸（神戸）	130
5	府立第三（両国）	120
6	□東京高等師範附属（筑波大学附属）	115
7	府立第六（新宿）	87
8	府立第八（小山台）	70
9	湘南（湘南）	61
10	◎麻布（麻布）	56
11	横浜第一（希望ヶ丘）	54
12	第一東京市立（九段）	50
13	◎開成（開成）	46
14	第二東京市立（上野）	27
15	宇都宮（宇都宮）	24
15	府立第二（立川）	24
17	府立第七（墨田川）	22
17	◎暁星（暁星）	22
19	府立第九（北園）	21
20	沼津（沼津東）	20
20	京都第一（洛北）	20
20	北野（北野）	20
23	◎芝（芝）	19
24	□広島高等師範附属（広島大学附属）	18
24	小倉（小倉）	18
26	高松（高松）	17
27	浦和（浦和）	16
27	◎京華（京華）	16
29	千葉（千葉）	15
29	甲府（甲府第一）	15
31	◎早稲田（早稲田）	14
32	札幌第一（札幌南）	13
32	青森（青森）	13
32	磐城（磐城）	13
32	川崎（川崎）	13
36	小樽（小樽潮陵）	12
36	小田原（小田原）	12
36	横須賀（横須賀）	12
36	上田（上田）	12
40	諏訪（諏訪清陵）	11
41	横浜第二（横浜翠嵐）	10
41	浜松第一（浜松北）	10
43	秋田（秋田）	9
43	◎青山学院（青山学院高等部）	9
43	徳島（城南）	9
46	前橋（前橋）	8
46	高崎（高崎）	8
46	◎巣鴨（巣鴨）	8
46	府立第一商業（第一商業）	8
46	静岡（静岡）	8
46	愛知第一（旭丘）	8
46	住吉（住吉）	8
46	天王寺（天王寺）	8
46	姫路（姫路西）	8
46	広島第一（広島国泰寺）	8
46	呉第一（呉三津田）	8
46	福岡（福岡）	8
58	福島（福島）	7
58	安積（安積）	7
58	川越（川越）	7
58	安房（安房）	7
58	飯田（長野県飯田）	7
58	◎灘（灘）	7
58	鳥取第一（鳥取西）	7
58	◎土佐（土佐）	7
58	大分（大分上野丘）	7
67	仙台第一（仙台第一）	6
67	足利（足利）	6
67	木更津（木更津）	6
67	◎立教（立教）	6
67	長岡（長岡）	6

※□は国立、◎は私立、無印は公立

軍歌は除外し、シューベルトなどを歌っていた」と回想するほどです。

そして、終戦後の一九四八（昭和二十三）年の学制改革により、東京都立第一中は東京都立第一新制高校となり、一九五〇年には日比谷高校と改称、男女共学に移行しました。これら大きな変化のなかでも、一中時代に培われたリベラルな校風と自主・自律の精神が薄れることはありませんでした。

たとえば、一九五〇年に導入された１コマ１００分授業。これは、生徒が考えたテーマについてグループで話し合い、その内容をみんなの前で発表するという形式の授業であり、現在の日比谷にも実質的な90分授業、１００分授業として受け継がれています。

また、日比谷ならではの特色が出ているのが、生徒による担任選びです。これは生徒が好きな教員を担任に選ぶというもので、校庭に立った教員の前に立てられた旗に生徒が集まるため、「旗立て方式」などと呼ばれ、一九六六年度まで続きました。この旗立て方式のルーム編成は、当初は各学年から15人ほど集める学年混合制でしたが、進路指導の点から問題が起こり、学年別となりました。

錚々《そうそう》たる卒業生

このように、戦前戦後を通して培った日比谷のリベラルな校風は、政治・経済・文化・芸術・中央官庁など多方面で活躍する人材を数多く輩出しています（38〜39ページの図表2）。

たとえば、元・自由民主党幹事長の加藤紘一《かとうこういち》氏、元・衆議院議長の町村信孝《まちむらのぶたか》氏、元・厚生大臣の津島雄二《つしまゆうじ》氏など数多《あまた》の政治家。元・トヨタ自動車社長の豊田章一郎《とよだしょういちろう》氏、元・日本航空会長の植村甲午郎《うえむらこうごろう》氏、経団連会長としても知られる元・第一生命社長の石坂泰三《いしざかたいぞう》氏など経営者。

さらに、日本画家の横山大観《よこやまたいかん》氏、陶芸家の濱田庄司《はまだしょうじ》氏、思想家の丸山眞男《まるやままさお》氏、評論家の小林秀雄《こばやしひでお》氏、江藤淳《えとうじゅん》氏、作家の谷崎潤一郎《たにざきじゅんいちろう》氏、塩野七生《しおのななみ》氏など、文化面でも枚挙に暇《いとま》がありません。ちなみに、明治の文豪の幸田露伴《こうだろはん》氏、尾崎紅葉《おざきこうよう》氏、夏目漱石《なつめそうせき》氏も一時期、在籍していました（いずれも中退）。

なお、「日比谷は数多くの閣僚や官僚を輩出するが、総理大臣がいない」と言われることがありますが、実は輩出しています。その名は阿部信行《あべのぶゆき》氏。彼は陸軍大将でし

土方久徵（日本銀行総裁）
石坂泰三（第一生命社長、経団連会長）
植村甲午郎（日本航空会長、経団連会長）
河野文彦（三菱重工業社長）
濱口雄彦（東京銀行初代頭取）
重松宜彦（三菱石油社長）
中谷一雄（三菱銀行頭取）
松本三郎（松下電子工業会長・社長）
石黒武雄（第一製薬社長）
長谷川周重（住友化学会長・社長）
槇田久雄（旧日本鋼管会長・社長）
普勝清治（全日本空輸社長）
三宅重光（ＪＲ東海会長、東海銀行頭取）
鈴木正雄（三菱自動車販売会長・社長）
中南道夫（川崎重工業会長）
大内淳義（日本電気会長）
重光敏生（帝国石油社長）
齋藤裕（新日本製鐵会長・社長）
江尻宏一郎（三井物産会長・社長）
東山紀之（万有製薬会長・社長）
豊田章一郎（トヨタ自動車名誉会長・社長、経団連会長）
出光昭介（出光興産名誉会長・社長）
今井敬（新日本製鐵会長・社長、経団連会長）
棚橋泰（ＪＲ貨物社長、鉄建公団総裁）
小島順彦（三菱商事会長・社長）
小枝至（日産自動車名誉会長）
宮本洋一（清水建設会長・社長）

学問

・人文科学

木下一雄（教育学者、東京学芸大学長）
松坂佐一（民法学者、名古屋大総長）
辻直四郎（古代インド学者、東洋文庫理事長、文化功労者）
足利惇氏（インド・ペルシア学者、東海大学長）
石井照久（商法学者、成蹊大学長）
鈴木三郎（実存哲学者）
丸山眞男（政治学者）
阿部美哉（宗教学者、國學院大学長）
山住正己（教育学者、東京都立大総長）

・自然科学

坪井誠太郎（地質学者、国立科学博物館長、文化功労者）
水島三一郎（化学者、文化勲章受賞）
小平桂一（天文学者、国立天文台長）
利根川進（生物学者、ノーベル賞受賞）
田中豊一（物理学者、ＭＩＴ教授）

・工学

渋沢元治（電気工学者、名古屋帝大初代総長、文化功労者）
小熊捍（昆虫学者、国立遺伝学研究所長）
内田俊一（化学工学者、東工大学長、文化功労者）
吉川弘之（工学者、東大総長）

・医学

佐藤運雄（日本歯科医師会長）
市川篤二（国立病院医療センター名誉院長）
川喜田愛郎（ウイルス学者、千葉大学長）
星川光正（宮内庁病院長、侍従医長）
木村義民（日本医科大学長）
池田茂人（内視鏡開発者、紫綬褒章受章）
金澤一郎（国立精神・神経センター総長）

芸術

・文芸

谷崎潤一郎（作家、文化勲章受章）
山本有三（作家、文化勲章受章）
大佛次郎（作家、文化勲章受章）
小林秀雄（評論家、文化勲章受章）
江藤淳（評論家）
柏原兵三（作家、芥川賞受賞）
庄司薫（作家、芥川賞受賞）
古井由吉（作家、芥川賞受賞）
塩野七生（作家）

・絵画、陶芸

横山大観（画家、文化勲章受章）
濱田庄司（陶芸家、人間国宝）
小山富士夫（陶芸家）
藤本能道（陶芸家、人間国宝、東京藝大学長）

・建築

芦原義信（建築家、文化勲章受章）

芸能、マスメディア

徳川夢声（講談師）
山田康雄（声優）
山本コウタロー（歌手）
安藤優子（ニュースキャスター）

※部門ごとに生年月日順

図表2 日比谷高校の主な卒業生

政治(閣僚など)

岡田良平(文部大臣、京都帝大総長)
秦豊助(拓務大臣)
井上匡四郎(鉄道大臣)
児玉秀雄(内務大臣、文部大臣ほか)
伍堂卓雄(商工大臣、鉄道大臣、農林大臣)
村田省蔵(逓信大臣、鉄道大臣)
馬場鍈一(大蔵大臣、内務大臣)
河田烈(大蔵大臣)
下条康麿(文部大臣)
田島道治(宮内庁長官)
迫水久常(郵政大臣、経済企画庁長官)
大橋武夫(労働大臣、運輸大臣)
古屋亨(自治大臣)
牛場信彦(対外経済担当大臣、駐米大使)
大来佐武郎(外務大臣)
森山欽司(運輸大臣、科学技術庁長官)
久世公堯(金融再生委員会委員長)
大塚雄司(建設大臣)
津島雄二(厚生大臣)
竹山裕(科学技術庁長官)
愛知和男(防衛庁長官、環境庁長官)
池田行彦(外務大臣、防衛庁長官ほか)
滝実(法務大臣)
加藤紘一(内閣官房長官、防衛庁長官)
保岡興治(法務大臣)
町村信孝(外務大臣ほか、衆議院議長)

行政

・財務省
渡邉武(大蔵初代財務官)
長沼弘毅(大蔵初代事務次官)
竹内道雄(大蔵事務次官)
長岡實(大蔵事務次官)
山口光秀(大蔵事務次官)
吉野良彦(大蔵事務次官)
保田博(大蔵事務次官)
田波耕治(大蔵事務次官)
・経済産業省
山本高行(通産初代事務次官)
今井善衛(通産事務次官、特許庁長官)
杉山和男(通産事務次官)
林康夫(中小企業庁長官)
・外務省
渋沢信一(外務事務次官)
佐藤正二(外務事務次官、駐中国大使)
林貞行(外務事務次官、駐英大使)
川島裕(外務事務次官)
野上義二(外務事務次官、駐英大使)
・厚生労働省
道正邦彦(労働事務次官)
松原亘子(労働事務次官、駐伊大使)
・総務省
山地進(総務初代事務次官)
湯浅利夫(自治事務次官、宮内庁長官)
足立盛二郎(郵政事業庁初代長官)
・農林水産省
湯河元威(農商次官)
白須俊朗(水産庁長官、農林水産事務次官)
・防衛省
三輪良雄(防衛事務次官)
村田直昭(防衛事務次官)
秋山昌廣(防衛事務次官)
金沢博範(防衛事務次官)
・警察庁
漆間巌(警察庁長官)
坂口正芳(警察庁長官)
・宮内庁
山本悟(侍従長)
渡邉允(侍従長)

軍部

磯村年(陸軍大将)
阿部信行(陸軍大将、内閣総理大臣)
平賀譲(海軍技術中将、東京帝大総長)
畑俊六(元帥陸軍大将、陸軍大臣)
藤田尚徳(海軍大将、宮内庁侍従長)
加藤隆義(海軍大将)
西竹一(陸軍大佐、五輪金メダリスト)

法曹

塩野季彦(大審院検事局次長、司法大臣)
中野並助(検事総長)
栗山茂(最高裁判事)
山田作之助(最高裁判事)
関根小郷(最高裁判事、最高裁事務総長)
塩野宜慶(最高裁判事、法務事務次官)
福田博(最高裁判事)
濱田邦夫(最高裁判事)
藤宗和香(最高検検事)

経済

各務鎌吉(日本郵船会長・社長、東京海上火災社長)

たが、戦況が緊迫するなか、一九三九年八月〜一九四〇年一月まで第36代内閣総理大臣を務《つと》めています。

また、オリンピック金メダリストの西竹一《にしたけいち》氏（一九〇二年、ロサンゼルス五輪・馬術）、ノーベル賞受賞者の利根川進《とねがわすすむ》博士（一九八七年、生理学・医学賞）も特筆すべきOBです。ちなみに、内閣総理大臣、オリンピック金メダリスト、ノーベル賞受賞者をそろって輩出した高校は、全国でも日比谷と神奈川県立横須賀高校（ノーベル物理学賞受賞の小柴昌俊《こしばまさとし》博士、東京五輪・柔道金メダリストの猪熊功《いのくまいさお》氏、第87・88・89代内閣総理大臣の小泉純一郎《こいずみじゅんいちろう》氏）に限られます。

空前の記録！ 東大合格者193人

日比谷が名門と言われる理由は、140年にもおよぶ歴史やきらびやかなOB・OGたちの存在だけではありません。東京の中心部に立地し、国会議事堂を間近《まぢか》に見るロケーションでもありません。やはり、難関大学への進学実績が群を抜いていたからにほかなりません。

42〜43ページの図表3は、戦後の学制改革にともない、都立一中から、東京都立日比谷高校に呼称を変えた一九五〇年以降の東大合格者数を表わしています。それによると、一九五四年にはじめて１００人を超え、一九五六年に一度99人と3ケタを割ったものの、その後はほぼ右肩上がりに上昇し、一九六四年には１９３人という記録的な合格者数となりました。

この数字は、今や東大進学者数をリードする開成や灘といった私立名門校でもいまだに達成し得ない数であり、「日本一の進学校」たる日比谷の名を全国に轟《とどろ》かせました。

なお、同年の日比谷以外の都立高の東大進学者数は西１５６人、戸山１０１人、新宿96人、小石川79人、両国63人。都内私立校では麻布78人、開成42人、同じく国立校では、東京教育大附属（現・筑波大附属）88人、同駒場（現・同駒場）52人、東京学芸大附属14人で、全体的には都立高の強さが目立っています。

このため、「東大に行くには都立名門校、なかでも日比谷」という意識が、全国の中学生や保護者に広がったのかもしれません。そして、越境入学者が続出しました。

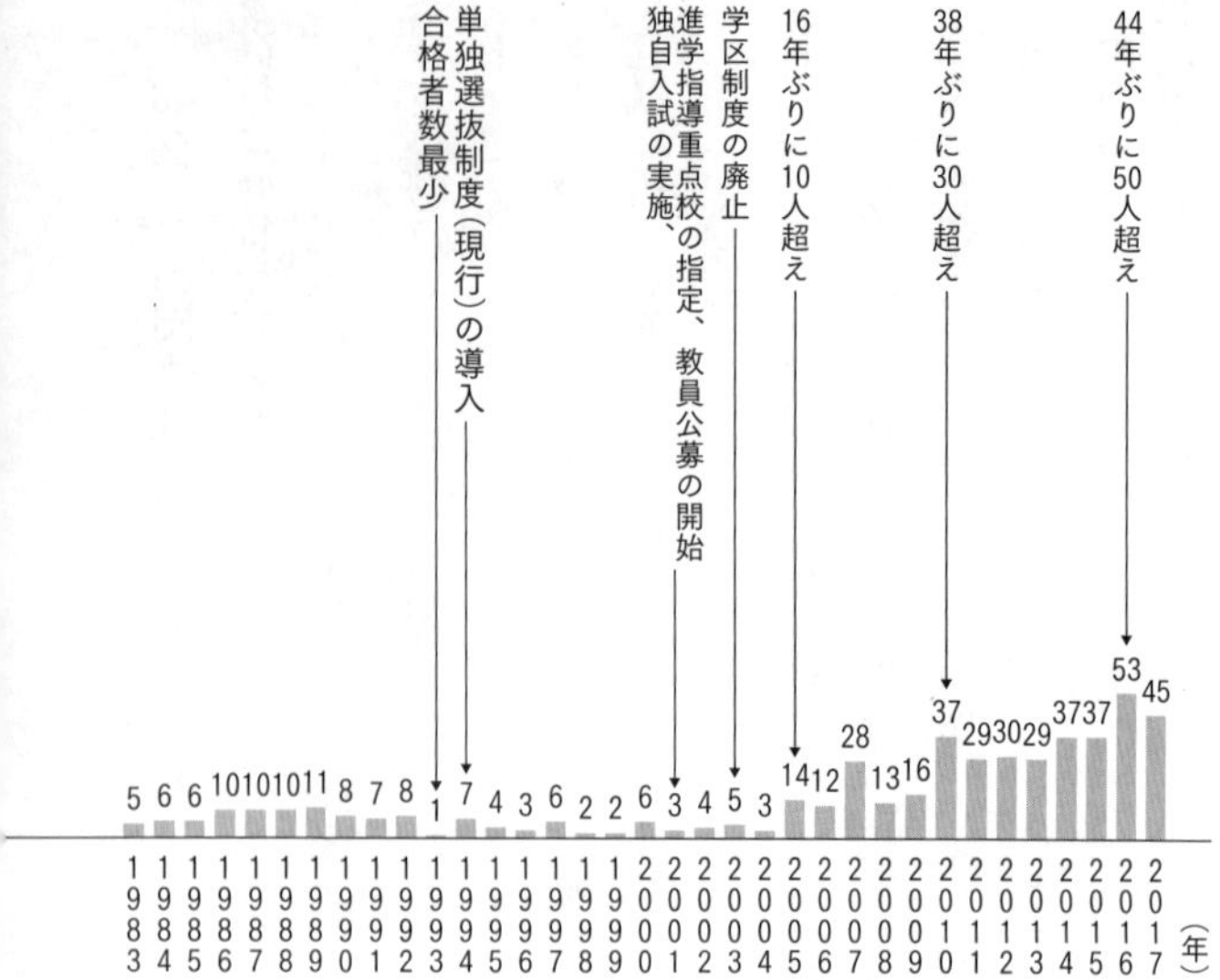

日比谷も東京都の公立高校ですから、本来は東京都民しか受験・入学することはできませんが、当時は住民票を当該《とうがい》校学区内に移して行なう越境入学が常態化していました。

　これは、西や戸山など旧制中学時代の都立名門校にも見られた現象ですが、とりわけ日比谷の過熱感が強いことから、教育庁や教育関係者に問題視されるようになりました。

図表3　日比谷高校の東大合格者数の推移

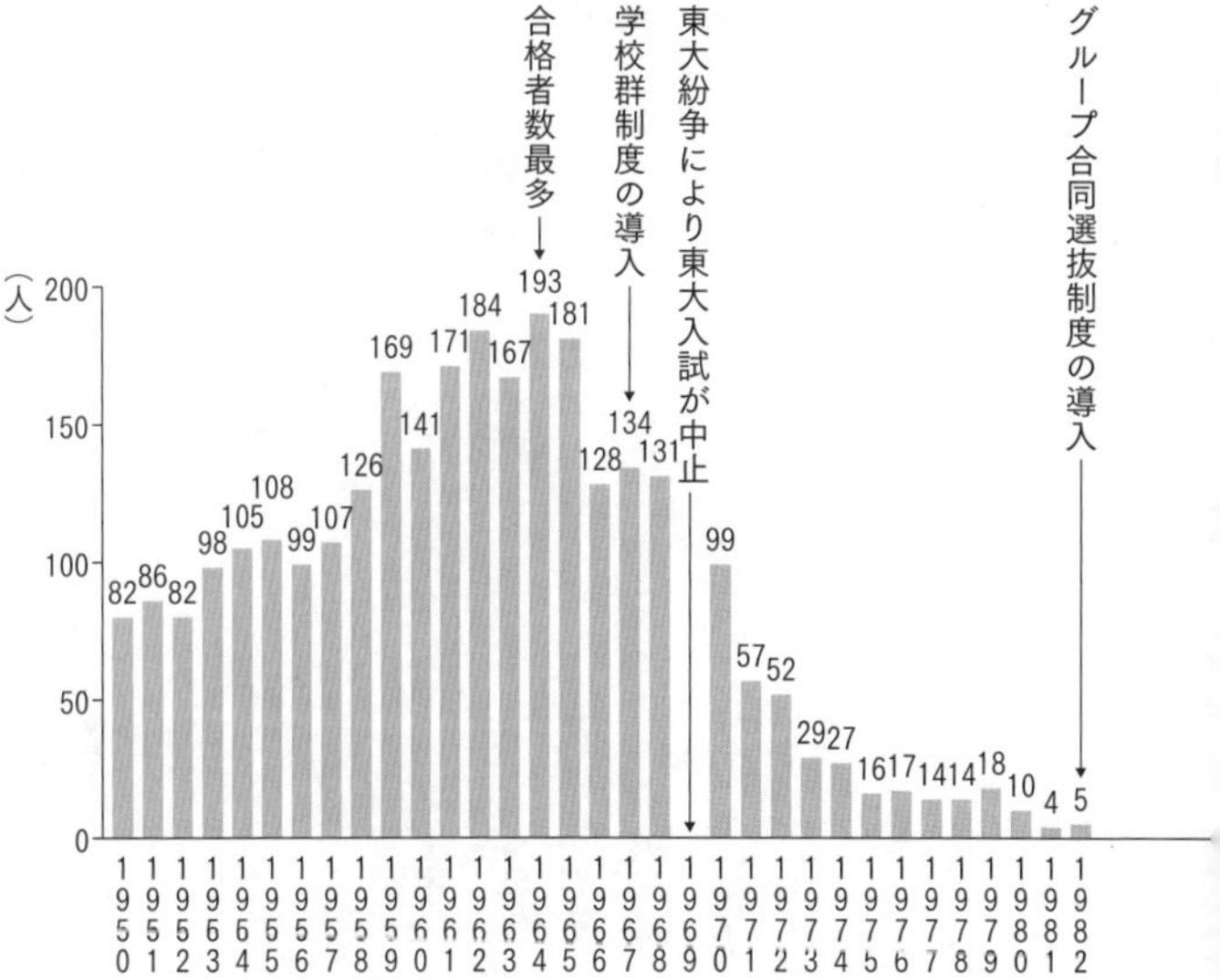

日比谷潰《つぶ》し

こうしたことから、教育庁は一九六七年、美濃部《みのべ》（亮吉《りょうきち》）都政のもと、従来（一九五二年実施）の「学区合同選抜制」に代わり「学校群制度」を導入します。同制度は公立の全日制普通科高校の入学者選抜の一《いち》形態であり、「加熱する受験戦争の鎮静化」と「学校間の格差の平準化」を目的に導入され、日比谷は九段高校、三田高校とともに第1学区11群とされました。

なお、学区制度とは学校の適

正配置、地域格差の是正、過度の受験戦争の緩和などを目的に、一九四二（昭和十七）年に制度化されました。第1学区は千代田《ちよだ》区、港《みなと》区、品川《しながわ》区、大田《おおた》区の高等学校が対象です。

では、学校群制度の導入により、高校受験はどのように変化したのでしょうか。

この制度では、受験生は志望校を受験するのではなく、「群」を志望し、入学選抜試験の成績上位者から群内の各校に機械的に振り分けられます。これにより、群単位の学力は平均化する半面、たとえば「日比谷に行きたいのに九段に回された」受験生が出現します。つまり、「行きたい学校に入れないなら」と、成績上位者は都立高を敬遠し、私立名門校や中高一貫校を目指す傾向が強くなっていたのです。

結果、日比谷は受験生から回避されるという大きなダメージを受けます。このため、学校群制度は「日比谷潰し」と言われるのですが、西、戸山などの名門校も少なからず影響を受け、名門校と同じ学校群を構成する一部の高校の進学率は上がったものの、都立高全体の難関校の進学実績は、長期的な低迷を余儀なくされたのです。

学校群制度はその後、一九八二年に「グループ合同選抜制度」に変更されました。

これは、学区内の高校をさらに2グループに分け、受験生に第一志望校と第二志望校を選択させ、第一志望校に合格すればそのまま進学。不合格になっても、第二志望校がグループ内で定員割れをしていれば、そこへ入学できるというものです。

しかし、学校群制度の導入により進行した都立高離れに歯止めがかからず、定員割れを起こすところも少なくありませんでした。このため、この制度は一九九二年に廃止され、一九九四年に隣接学区の受験も認められる「単独選抜制度」に移行したものの、都立高の人気が回復するまでにはなお10年以上の歳月を待たなければなりませんでした。

このように見てくると、日比谷は度重《たび》なる入試制度の変更に翻弄《ほんろう》され、「落日の名門校」となった感は否《いな》めません。

一九九三年のどん底

42～43ページの図表3を再度ご覧ください。一九六四年に１９３人の東大合格者を輩出して以降、日比谷の東大合格者数は一九六五年の１８１人から、東大紛争の影響で入試が中止になった一九六九年をはさみ、一九七〇年の99人まで比較的高いレベルを維持しています。これは、学校群制度導入前に蓄《たくわ》えていた力が発揮されたものと思われます。

しかし一九七一年以降、3ケタを回復することはなく、漸減《ぜんげん》傾向を示します。さらに一九七三年以降は50人割れに追い込まれ、一九八一年以降は1ケタから多くて10～11人という状況。そして、一九九三年にはついに衝撃の1人まで落ち込み、かつての「東大への指定席」から完全に転落しました。

このような日比谷をはじめとする都立高の低迷は、社会にどのような影響をおよぼしたのでしょうか。教育庁は学校群制度の導入の目的を「加熱する受験戦争の鎮静化」などとしていましたが、それは奏功《そうこう》したのでしょうか。

仮に高校の受験戦争が鎮静化したとしても、逆に中学受験を加熱させただけではないか、と私は思うのです。なぜなら、日比谷や都立名門校の低迷に対して、国立・私立の中高一貫校の人気が高まりました。すると、子どもたちは中学受験に備えて、小学校の中・高学年からの学習塾通いが始まったからです。

最近は、中高一貫制を敷く公立校も増えていますが、入学するための「適性検査」を突破するにはかなりの労力と経済力が必要です。つまり、10歳前後の子どもに大きな負担をかけ、保護者も経済的な負担を強いられているのではないでしょうか。

所得格差と学力の関係については第3章で詳しく述べますが、現在の厳しい中学受験は、かつての厳しい高校受験を3年間前倒ししているにすぎないのではないかと思っています。

浪人生の急増

かつて、「全国一の進学校」と言われた日比谷。二〇〇一年以降の校内改革により、徐々に回復基調を取り戻した現在の日比谷。一九九〇年代半ばに卒業したOB・OGのなかには、「高い山とこれから高くなる山にはさまれた谷間の世代」と自嘲《じちょう》気味に笑う人がいます。

しかし、私は難関大学に行くためだけに日比谷があるわけではないし、たとえ谷間の世代であっても、彼らのなかには学校行事や部活を通して豊かな感性を育《はぐく》み、卒業後はデザイナーやアーティストとして活躍する人も少なくありません。

ただし、確かに日比谷の自由な校風を勘違いしていた谷間の世代も存在していたようです。一九九〇年代の日比谷を知る教員の話を聞くと、茶髪や金髪の生徒がいたり、1時限目の授業にクラスの半分しか生徒がいなかったり、ということが頻繁《ひんぱん》にあったようです。おそらく、一九八〇年代からそのような状況だったのではないかと思うのですが、私は直接見ていないので何とも言えません。

前述のようにイギリスのパブリックスクールを範とした日比谷は自主・自律を掲げ、校則がほとんどありません。したがって、ルールは生徒自身の心のなかにあり、それは他律的に規制されるものではなく、自律的に守るルールであるべきです。今の生徒たちには、「その服装や髪の色でいいのだろうか」と積極的に教員が投げかけているので、身だしなみに多少の乱れがあっても、きちんと修正されますが、当時はそのような投げかけもなかったのではないかと思います。

ただ、それでも校則のない自由な世界で、大きな問題を起こさずに卒業したのですから、きちんとした子どもが日比谷に入ってくれていたのではないかとも思います。

いっぽう、一九九〇年代は進学実績が伸《の》びず、浪人生が多くなります。当時を知る関係者に聞くと「生徒のほとんどは4年計画で大学進学を考えていたので、3年生の8割は浪人」だったそうです。

私は、生徒になるべく浪人させたくはありません。やはり、志望校へ現役で入ってほしい。それこそ生徒の希望を叶えることであると思っています。

なぜ復活できたのか

進学実績の長期低迷に喘《あえ》ぐ日比谷が息を吹き返し始めたのは、「都立復権」をスローガンに、二〇〇一年から石原《いしはら》（慎太郎《しんたろう》）都政下で始まった都立高改革でした。その目玉政策の一つの「進学指導重点校（50ページの図表4）」に、日比谷は戸山、西、八王子東とともに指定を受け、長澤校長のもとで校内改革も始まりました。

進学指導重点校は、難関国立大学等（東大、京大、一橋大、東工大、国公立大医学部医学科）に現役で15人以上合格させるなどの条件がありますが、入試問題の自校作成や教員の公募採用、外部コンサルタントの活用が許可されます。

図表4　東京都教育委員会が定める三つの進学校

進学指導重点校
……日比谷、西、国立、八王子東、戸山、青山、立川(計７校)

- 将来の日本のリーダーとなり得る高い資質をもった生徒に対し、国家や社会に対する責任と使命を自覚させるとともに、思考力、判断力、表現力を鍛え、難関国立大学等への進学希望も実現させることのできる学校とする
- 基準１：センター試験結果(現役)
  ①５教科７科目で受験する者の在籍者に占める割合が、おおむね６割以上
  ②難関国立大学等に合格可能な得点水準(おおむね８割)以上の者の受験者に占める割合が、おおむね１割以上
  基準２：難関国立大学等(※)現役合格者数15人
  ※東大、一橋大、東工大、京大、国公立大学医学部医学科

進学指導特別推進校
……小山台、駒場、新宿、町田、国分寺、国際、小松川(計７校)

- 将来の日本のリーダーとなり得る高い資質をもった生徒に対し、国家や社会に対する責任と使命を自覚させるとともに、思考力、判断力、表現力を鍛え国公立大学(４年制)、難関私立大学(※)等への進学希望も実現させることのできる学校とする
  ※早稲田大、慶應義塾大、上智大
- 基準なし

進学指導推進校
……三田、豊多摩、竹早、北園、墨田川、城東、武蔵野北、小金井北、江北、江戸川、日野台、調布北、多摩科学技術(計13校)

- 高い将来の目標に向かって自ら進路選択ができ、意欲的に勉学に取り組む生徒の進学希望をかなえることのできる学校とする
- 基準なし

(東京都教育委員会のホームページより)

図表5　日比谷高校の進学実績(2017年)

国公立大学(文部科学省管外大学校を含む)

大学名	合格者数	大学名	合格者数
東京大	45(33)	東京医科歯科大	★5(3)
一橋大	9(6)	東京外国語大	4(3)
東京工業大	5(4)	東京学芸大	2(2)
京都大	8(3)	東京農工大	4(3)
北海道大	3(2)	横浜国立大	4(3)
東北大	★5(2)	首都大学東京	3(1)
大阪大	1(0)	横浜市立大	3(2)
お茶の水女子大	7(5)	防衛医科大学校	★5(2)
千葉大	★8(7)	防衛大学校	1(0)
筑波大	★9(7)	ほか	26(11)
電気通信大	1(1)	計	158(100)

国公立大学医学部医学科

大学名	合格者数	大学名	合格者数
弘前大	2(0)	東京医科歯科大	★1(1)
東北大	★3(1)	岐阜大	1(0)
秋田大	2(2)	神戸大	1(1)
山形大	1(0)	横浜市立大	2(1)
筑波大	★1(0)	防衛医科大学校	★5(2)
福島県立医科大	2(0)	計	23(10)
千葉大	★2(2)		

私立大学

大学名	合格者数	大学名	合格者数
慶応義塾大	★128(92)	津田塾大	6(4)
早稲田大	131(84)	東京女子大	8(6)
上智大	42(28)	日本女子大	8(4)
国際基督教大	2(2)	法政大	21(14)
東京理科大	81(54)	明治大	90(51)
青山学院大	14(7)	立教大	23(17)
学習院大	12(10)	ほか	102(42)
北里大	★9(4)	計	719(433)
中央大	42(14)		

私立大学医学部医学科

大学名	合格者数	大学名	合格者数
日本医科大	1(1)	東京医科大	1(0)
順天堂大	4(4)	杏林大	4(1)
東京慈恵会医科大	6(2)	昭和大	3(1)
慶応義塾大	★3(1)	ほか	10(0)
北里大	★2(1)	計	35(11)
産業医科大	1(0)		

※(　)内は現役合格者数、★は重複

その指定期間は原則5年間ですが、難関大学への合格実績などが考慮され、日比谷は二〇〇七年に指定期間が延長されました。二〇一七年の進学実績でも、進学指導重点校の基準を上回っています（51ページの図表5）。

日比谷では、進学指導重点校の取り組みとして、全国初の入試問題の自校作成、45分7時限授業、補習・講習の充実、シラバス（授業の学習計画）と生徒による授業評価、進路指導の充実、進路指導システムの導入、授業改革、星陵セミナーの実施などを行なっています。

その結果、難関国立大や国公立大医学部を志望する生徒が増加しました。なかでも、東大志望者の増加が際立《きわだ》っています。

今後は、ＳＳＨ（＝スーパーサイエンスハイスクール。第3章で詳述）や東京グローバル10（同）を背景に、校内改革を次のステップにつなげ、現役合格を指導の中心に置き、生徒一人ひとりの進路実現を向上させます。また、文系・理系にとらわれない全科目履修型のカリキュラムを大学入試と人材育成に生かしていきたいと考えています。

図表6 高校進学率と生徒数

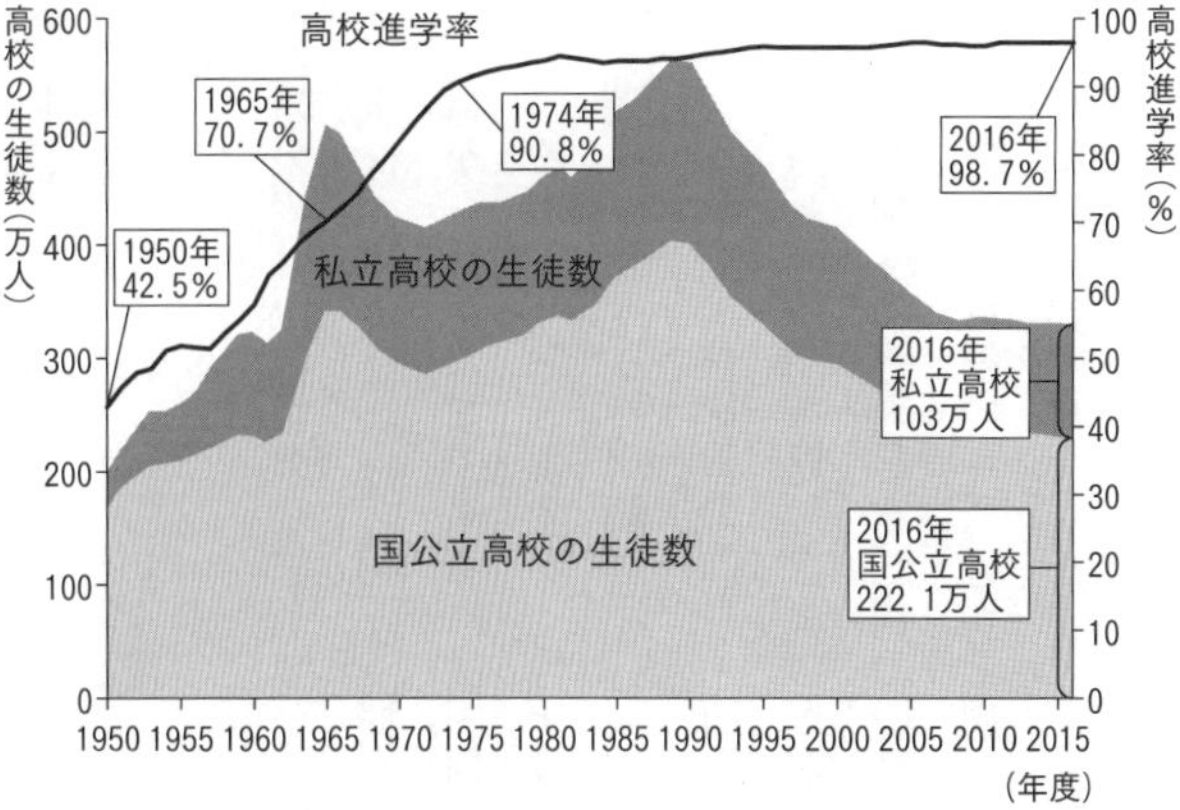

(文部科学省「学校基本調査」より)

教育制度改革と日比谷の浮上

先に言及した東京都の学区制度は二〇〇三年、61年ぶりに撤廃されました。学区制度には、「通学区域保障」という考えが底流にあります。つまり、特定の高校に入学志願者が集まり、受験者の少ない学校が淘汰《とうた》される。そして、都会の高校だけが生き残り、郊外には行きたい学校がないという状況を防ぐために、この制度が導入されたのです。

確かに、戦前・戦後の混乱期には、後期中等教育を普及させるうえで、この制度は大きな役割を果たしたと思います(図表6)。しかし導入当時に比べ、交通事情が格段に良くなったうえ、各地域に高校が適正に配置され、高校進学率が98％に達した現在では、一つの人気高校に受験生が殺到するといった懸念《けねん》もほとんどないと言っていいでしょう。

この結果、日比谷も東京都全域から生徒を募集することが可能になりました。とはいえ、生徒の出身はやはり23区内が多いですが、羽村《はむら》市から通っている生徒もいます。羽村から日比谷まで来るには、何校の進学指導重点校・進学指導特別推進校を通過しているのかと驚きますが、日比谷に通いたいという思いが強いのでしょうから、それは尊重したいと思います。

さて、本章では日比谷の前身・府立一中の創成期から、日比谷の躍進と凋落、そこからの回復と浮揚期を見てきましたが、この大きな変動要因は教育制度の変遷、すなわち学校群制度の導入と学区制の撤廃、進学指導重点校の指定などが大きくかかわっていることをご理解いただけたと思います。次章では、日比谷が実施している具体的な校内改革について言及します。

校歌の額《がく》と小柴昌俊《こしばまさとし》博士、梶田隆章《かじたたかあき》博士などの色紙が飾られた校長室

第2章

校内改革

——授業・教員・入試を変える

OB寄贈の机が並ぶ自習室

授業改革

私が日比谷の校長に就任したのは、二〇一二年。前章でも述べましたが、都立高の教員として、学校群制度にともなう都立高の低迷や二〇〇一年以降の復活過程を目《ま》の当たりにしてきました。

日比谷の躍進には目を見張るものがありますが、その授業はどのようなものか、校長就任前は都の関係者からの伝聞が入る程度で、ほとんどわかりませんでした。ただ、進学指導重点校ですから、進学実績を高めるために、知識詰め込み型の授業になっているのではないか、と予想していました。

詰め込み型授業は、手っ取り早く進学実績を上げるにはいいかもしれませんが、生徒に「授業がつまらない」「苦痛だ」と感じさせるだけで、自《みずか》ら学びを進める積極的な意欲は育てられません。

やはり、「授業はおもしろい」「もっと勉強したい」と生徒に感じさせるには双方向性、つまり教員と生徒間のやりとりがある対話型授業の追求が必要です。

そこで、私は校長就任直後から、約70人の教員全員の授業を1カ月ほどかけて見させていただきました。そして、放課後に私と副校長、担当教員の３人で「今日の先生の授業では生徒の知識を問う発問が三つありましたが、そのうちの一つは生徒たちに考えさせる発問にしたらいかがでしょうか」「生徒たちに発問を投げかければ、さまざまな反応が返ってきます。それらをつなぎ合わせて、先生が到達させたいレベルまで持っていけばいいのではないでしょうか」などと、校長室で15～20分かけて話し合いました。

たとえば、３年次の国語で森鷗外《もりおうがい》の小説『舞姫』を取り上げますが、読み進めていくなかで、教員は「この場面で主人公はどのような思いでいるのだろうか」と生徒たちに投げかけます。すると十数人の手が挙がり、それぞれが意見を述べ合い、最終的に教員は生徒から引き出された意見に対して、「ここでは、このように解釈するのがいいでしょう」と理解させていくのです。

教員が提示した正答を機械的に覚えるのではなく、自分の思考が必要となり、問題（教材）が変わっても、正答を導く能力が養われます。何よりも、生徒たちは考えるおもしろさに触れるのです。

「日比谷では通用しない！」

この担当教員との面談は、双方向性の授業をつくるためには絶対に必要だと思います。都立高の全校長は教員たちの授業を見ていますが、面談を行なっている方はほとんどいませんし、日比谷でも私がはじめて実施しました。

私が授業を見始めた頃、一部の生徒の机の上には携帯電話やペットボトルが置かれていました。また授業中、勝手に教材をロッカーに取りに行く生徒もいました。面談では「机の上に授業と関係のないものがありましたが、先生は注意しませんでしたね。まじめな学びを追求するうえで『授業に関係のないものはしまいなさい』と、生徒に投げかけるべきではありませんか」などと話しました。

すると瞬《また》く間《ま》に、「今度の校長はこういうことを言う」と、全教員に広まりました。今まで面談が行なわれることもなく、このような指摘を受けることもなかった教員たちは、困惑したのかもしれません。

日比谷生のなかには、中学校時代に「勉強さえできればいい」という扱いを受けてきた者も少なくありません。しかし、「それは違う。日比谷では通用しない！」という明確なメッセージを、教員は早い段階から生徒に届けなければなりません。

なぜなら、同じ志《こころざし》を持った生徒たちが、勉強、学校行事、部活に団体戦で向かっていくのが日比谷です。これは、大学入試も同じです。また、学校の教育活動は、学習指導だけではありません。生活指導や進路指導も含めた、私たち教員の３年間のかかわり方が、卒業後の生徒に大きな影響を与えていると私は思います。

なお、着任当時は年３回行なっていた全教員との授業についての面談ですが、現在は２回にしています。若い教員のなかには、劇的に自分の授業を変えた教員もいますし、大きな変化を好まないベテランたちにも徐々に発問数を増やしたり、生徒の発言を促《うなが》したりした変化が現われています。

日比谷の対話型授業は、ここ数年間で確実に定着しています。

教員との人事面接

校長と教員との対話は、二〇〇〇年に教育庁によって導入された「人事考課制度（教員の所属している業務に対する貢献度、職務遂行度を一定の方式に従って評価すること)」にもとづく人事面接でも行なわれます。校長が策定する学校経営計画をベースに、一人ひとりの教員が自分の目標を設定し、ペーパーにまとめて校長、副校長と45分ほど話し合うのです。

具体的には学習指導、生活・進路指導、学校運営など教員が所属している校務分掌で何をするか、また、学校行事や部活指導などの目標を確認したり、こちらの期待などを伝えたりしています。面接は目標を設定する年度はじめの春、進捗《しんちょく》状況を確認する秋、そして成果と課題を確認する年度末の計3回実施されます。

もちろん、これは日比谷だけではなく、どこの都立高でも行なっており、特別なものではありません。

ただ、私が目指す学校経営のどの部分に反応して目標を設定しているかをしっかりチェックしています。私の経営方針に異を唱える教員はさすがにいませんが、なかには、学校経営計画のどの部分に対応した目標なのかよくわからないことを書いてくる人がいないわけではありません。

その場合、私と教員が対話をすることで、生徒のためになる方向へとベクトルを一致させます。これは、私と副校長の重要な仕事の一つであり、マネジメントだと思っています。

教員同士で授業を見せ合う

日比谷には、教員がたがいに授業を見せ合って評価したり、コメントを出したりする「校内研修」制度があります。これは歴代の校長がつくってきた仕組みですが、私が校長に就任して半年ほどしてから、どれくらいの教員がおたがいの授業を見ているかアンケートを取ったところ、わずかに6~9%にすぎませんでした。

これは「やる気がない」のか、「必要性を感じない」のか。教員たちに話を聞くと、ベテラン教員は「若手に授業を見せてくれ」とは言いづらいと言います。そうであれば、「私が良い授業をしている教員を指名するから、ぜひ見てください」と、3人の教員を指名しました。

研修期間は十一月の2週間、テーマは「生徒とのやりとりのある授業」。日比谷には全教科で70人ほどの教員がいるため、いざ研修が始まると、指名された3人の教員の授業を見るために、1教室に複数の教員たちが集まります。

そして、全教員が授業を見たあとに会議室を3分割し、3人の教員の授業についてディスカッションを行なったのですが、校長から指示された研修にもかかわらず、私の予想どおり活発な議論が交《か》わされました。というのも、仕組みさえつくれば、日比谷の教員たちは「絶対にやる」と私は思っていたからです。

授業者や参加者からは「いろいろなアドバイスをいただき、参考になった」という声や、「教員同士が仲良くなったような気がする」という印象的な感想も聞かれました。日比谷の教員はみなで飲みに行ったり、一緒に食事をしたりする文化があまりありません。このような取り組みを通じ、チームワークが固まれば、さらに強固な集団になると思います。

なお、私が校長に就任してからこのような校内研修は4回実施しています。今のところ、講師役の教員は英語、数学、国語が多いですが、主要教科に限定しているわけではなく、将来的には保健体育や芸術の教員にも講師になってもらう予定です。

ある保健体育の教員は、KJ法（東工大の川喜田二郎《かわきたじろう》名誉教授がデータをまとめるために考案した手法）を応用し、教員の投げかけに対して生徒がどのように考えるかを付箋《ふせん》に書かせ、同じような意見をグループ分けすると、そのクラスがどのような指向を持っているか分類できる、という授業を行なっています。

このような授業は大変興味深く、他教科の教員たちにも刺激になると思います。

日比谷は教員にも厳しい⁉

一般企業も都立高も、組織を支えるのは人材です。日比谷も、校内改革が始まった二〇〇一年以来、教員の公募制などを利用しながら、優秀な人材を積極的に確保してきました。このあたりは長澤校長の著書に詳しく書かれていますが、現在は「日比谷で教鞭《きょうべん》を執《と》りたい」と言う教員が著《いちじる》しく減少し、希望者は少数となっています。つまり、公募による人材確保が厳しくなっている状況です。

公募の正式名称は「教員公募選考制度」、教育委員会により二〇〇一年に進学指導重点校を対象に導入されました。これは、都立高の教員で現任校に3年以上勤務し、英語、数学、国語、地理歴史、公民、理科のいずれかを担当している教員が、進学指導重点校で働きたいという場合、書類選考と面接に合格すれば異動できるというものです。

言わば、プロ野球などで実施されている「FA（フリーエージェント）制度」のようなものですが、プロ野球とは異なり、赴任先は本人の希望と受け入れ先の校長の判断のもとに、教育委員会により決定されます。

つまり、働きたい学校で教えられるとは限りませんが、同制度は現在、進学指導重点校（7校）、進学指導特別推進校（7校）、進学指導推進校（13校）に拡大するなど、都立高の教員でキャリアのステップアップを目指す人や、難関大学を目指す学校で教えたい人の格好の受け皿になっています。

では、なぜ都立高としてはもちろん、全国的にも著名な日比谷を希望する人が減少したのでしょうか。

これは現校長として看過《かんか》できない問題であり、大きな関心を持っているのですが、公募に応募した教員全員に、「日比谷を選ばなかった理由は何ですか」などと聞くわけにもいきません。したがって、あくまでも推察になりますが、「公募制度が拡大しているので、ある程度のレベルの学校に採用されれば十分」と考えたり、「日比谷に行くと、進学実績のプレッシャーがかかる」「日比谷は教員が多忙である」とのイメージが広がっているのではないかと思います。

しかし、実際に当校に勤務している教員たちは、日比谷生とかかわることの喜びを感じながら仕事をしてくれています。

優秀な教員を一本釣り

教員を新たに採用する方法は、教員公募選考制度の他に「主幹教諭・主任教諭公募制度」もあります。これは都立高全校に許可され、主幹教諭または主任教諭1人を公募できるというものです。

ですので、私が日比谷に来てほしいと思う教員を、この制度を利用して一本釣りすることも可能です。たとえば、西高に3年以上勤務している優秀な英語の教員が日比谷勤務を希望し、西高の校長が了承すれば、推薦書を書いていただき、私の出した主任教諭公募に応募してもらうことができるのです。

公募ですから、他校から面接に来る人がいるかもしれませんが、私は複数のなかからその人を選ぶことができます。もちろん、西高の校長の了承が前提で、「まだ出せない」と言われれば、あきらめるしかありません。

この点、私立高校は優秀な教員を自由にスカウトできますし、教員の異動もほとんどありません。ある私立高校の校長に60代で就任した方が、「自分が高校時代に教わった先生がまだ教鞭を執っていた」という驚くべきエピソードがあるほどです。これは素直にうらやましいと思う部分もあります。

都立高は、基本的に6年で必ず異動しなければなりません。ただし、6年間勤務した主任教諭が昇進試験を受けて主幹教諭になると、さらに5年間在籍できます。

また、教育委員会は、進学指導重点校の校長に対して英語、数学、国語、地理歴史、公民、理科に限り、最大5人の教員に、最大5年の継続勤務をさせる権限を与えています。つまり、6年、5年、5年と昇進次第により最大16年間、日比谷に在籍できるのです。これらには、石原慎太郎都知事時代の変革が大きくかかわっています。

学校改革を進めるうえで、さまざまな経験を積んだベテラン教員の存在は非常に重要です。なお、長澤校長時代に公募で採用された教員のなかには、勤続10年を超える人が複数います。この方たちこそ、当時の教員たちの意識改革を促し、今の日比谷をつくってきた功労者です。

生徒情報のデータベース化

「生徒情報の共有」は今でこそ、どの高校でも当たり前に行なっていますが、私が校長に就任した当初、日比谷の生徒に関するデータベースは、教育委員会がつくった「FOGOS《フォゴス》」という成績処理システムがあるだけでした。ここには生徒の成績などのデータが掲載されていますが、進路指導に活用できるような細かい情報はアップされていません。

そのため、ある教科では難関校を突破できる力があったのに、他の科目の成績が振るわず、結果的に志望校に落ちたというケースも少なからずありました。

生徒の希望を叶えるためには、全体のバランスを整えながら生徒を励まし、育てることが大切ですし、一人の生徒には多くの教員がかかわっています。ですから、その生徒の入学時の状況、模擬試験（以下、模試）の状況、志望校などをデータベース化し、担任だけではなく、全教員で共有するシステムが日比谷にも必要なのではないかと考えていました。

なぜなら西高では、私が副校長の時、全生徒の細かい情報をＦＯＧＯＳにアップし、担任はもちろん、直接教えていない生徒の情報にも全教員がアクセスできるようにして進学指導などに役立てていたからです。

データベース化と言っても、全生徒のデータ収集、データ入力などにとまどい、遅々として進まないこともありましたが、今はＦＯＧＯＳにアクセスし、「△年□組○番」と入力すれば、その生徒の情報だけが閲覧できるようになっています。

ただし、データベースをつくっても、それを機能させるのは人間です。データベースを有効に働かせるのは、データをエビデンス（根拠）として生徒に向き合ってくれる教員なのです。そして、教員間にもデータベースの活用に温度差があり、ほとんど閲覧しない人もいます。ですから、現在、データベースが絶大な効果を発揮しているわけではありませんが、このデータベースを日比谷では長く継承していきたいと思っています。

ところで、データベースをつくった場合、セキュリティーが問題となります。私も自宅にパソコンを持っていますが、ＦＯＧＯＳには直接アクセスすることはできません。アクセスするには、個人情報の漏洩《ろうえい》を防ぐ「ＴＡＩＭＳ《タイムズ》（東京都高度情報化推進システム）」という情報ネットワークにアクセスし、そこからＦＯＧＯＳに入り、データの閲覧、入力、管理をしなければなりません。したがって、現在、システム上のセキュリティーの問題はありません。

最先端の英語授業

校長に就任当初、気になることがありました。それは英語の授業です。当時は、いわゆる長文読解型の授業を日本語で指導していたのですが、私は「四技能重視型（読む、書く、話す、聞く）」に変えたいと思っていました。

そこで二〇一四年、前に述べた主任教諭公募で優秀な英語の教員を採用し、１年生の担任に入れ、四技能重視型の授業に変えてもらいました。

導入当初は「大学入試が変わらないのだから、入試に対応できないのではないか」と疑問を呈《てい》する声もありましたが、私には根拠はなくとも「絶対に対応できる」自信がありました。そして、四技能重視型で育ち、二〇一七年に卒業した生徒たちの大学入試センター試験（以下、センター試験）の英語の学年平均は200点満点中180点。東大の現役合格者も33人ですから、入試にも完全に対応したと言えるでしょう。

生徒たちも、英語で会話をする、サマリースピーチをする、ディスカッションするといった授業は「今までとは違う」「おもしろい」「授業が楽しみ」と感じたようです。また、日比谷には各学年に数人ずつ帰国子女がいますが、彼らも日本語によるそれまでの英語指導にはあまり意味がないと思っていたようです。

これは当然でしょう。四技能重視型授業で、根本的な英語の実力を身につければ、おのずとやる気も出てきます。英語をアウトプットすることでおもしろさや歯がゆさを感じれば、単語や文法をインプットするモチベーションが一段と高まるのです。

この四技能重視型授業は今後も継続していきますが、学年により若干《じゃっかん》のぶれがあるのも事実です。四技能重視型というベースは変わりませんが、どの教員が担任になるかでレベルの差が出てくるわけです。

たとえば、一つの学年に対し、5～6人の英語の教員がチームを組み、そのなかの担任2人が基本的に教科を1年間リードする。これを次の学年にも引き継ぎますが、そこで前の学年と同じことをしようと思っても、多少の違いが出てくるのです。

これは現在の課題であり、今後はもうすこし均等化させなければいけませんし、よりクオリティーの高い授業を追求していきます。

成績の〝ふたこぶラクダ〟解消の秘策

私の校長就任時、大きな問題がありました。それは、学力構造の二極化です。つまり、成績の中間層が薄く、上位層と下位層がふたこぶのラクダのようになっていたのです。これでは、効率的な授業は行なえません。なぜなら、上位層に授業のレベルを合わせれば下位層は落ちこぼれるし、逆に下位層に合わせれば当然ながら上位層は伸び悩みます。

では、ふたこぶラクダをどのように解消するか。

私立高では成績順によりクラス分けをすることで、各クラスのレベルに合わせた授業を行なうこともできますが、都立高では不可能ですし、そもそも日比谷にはそのような伝統がありません。この問題は、教員たちの関心も高く、試行錯誤を重ねていましたが、明確な答えは得ていませんでした。

ある時、1年生の教員が数学の定期考査（定期試験）後に、成績下位層（30人）に対し、指名制の朝の補習を自主的に始めました。同時に、日常の授業の課題を必ず提出するように生徒に求め、未提出者をなくすようにすると、徐々に下位層が減り、中間層が増えてきたのです。

この補習や課題への取り組みは、下位層の削減を目的に実施したわけではありません。あくまでもルーチンの学習指導の一環として導入したものが、結果的に中間層を増やしたのです。下位層の生徒が中間層になれば、次は上位を狙《ねら》えます。そして、上位層に良い刺激を与えれば、学年全体の学力はさらに高まる、という好循環が生まれます。

私は、この教員から多くのものを学びましたが、その成功の背景には、生徒と担任の年4回の面談を通し、教員たちが生徒の学習に対する意識をすこしずつ高めていった要素が大きいと思います。

こののち、国語や英語などでも同様の取り組みが行なわれ、翌年からの学校経営計画には意図的に、「課題と補習と面談で子どもの意識を高め、基礎的な学力を身につけさせる」と付け加えました。

他校にはない、充実した補習

前項で、成績下位層に対する補習の効果を述べましたが、日比谷は全生徒を対象とする補習も用意しています。これは各教科の教員たちが自主的に考え、テーマや開講時間を設定するものです。

たとえば、数学科では希望者を集めて、「センター試験対策」のために毎年十月ぐらいから、1日に朝2題の数学ⅡBの過去問題の演習などを続けていますし、理科は理科で物理は昼休み、化学は始業前などと決め、教員たちが自主的に補習を行なっています。

さらに、夏休みには日常の授業のフォローアップのため、朝の八時四十分から十六時二十分まで、1時限90分×5日間を1講座とする講習が各科合計で、二〇一六年は3年生53講座、2年生17講座、1年生14講座が無料で開設されました。

これ以外にも、土曜講習や3年生を対象とする特別講座なども用意しています（第4章で詳述）。

夏期講習は、長澤校長の日比谷改革の一環として導入されたのですが、「中堅規模の予備校にも匹敵する講座数」とNHKのドキュメンタリー番組で紹介されたことから、「日比谷は予備校化したのか」「日比谷の伝統の教養主義は守れるか」などといった批判もあったようです。

しかし、「予備校に行かなくても全教科を学校でカバーできる」「普段の授業より深く、丁寧《ていねい》に学べる」といった意見が、当時の生徒たちから多く聞かれ、おおむね好意的にとらえられました。これは、現在の生徒たちや保護者も同様です。

他校にはない、徹底した添削

補習に加え、徹底的な個別添削指導を行なうのも、日比谷の特徴です。日比谷生の志望校は難関国立大が多く、入試には、記述問題が多く出題されます。そこで、生徒は志望校の15年分ほどの過去問題集を解き、教員に提出、添削してもらうのですが、たとえば英語では教員１人あたり１日約40人の解答が集まります。

教員は添削後、終わった生徒の名前を貼り出し、取りに来させて、面談をして返すわけですが、添削に熱心に取り組むあまり、解答用紙が真っ赤になることも珍しくありません。また、ある日本史の教員は、生徒の解答をスライドで映《うつ》し、集めた生徒たちに議論させます。この場合、個別添削指導というより、集団的個別添削になるのかもしれません。

このような個別指導は、普通の都立高ではなかなかできないのではないでしょうか。しかし、日比谷の教員は徹底的にやりきります。そのため、たとえセンター試験で生徒が失敗しても、２次試験で挽回するケースも少なくありません。

教員たちの負担は非常に大きくなりますが、これが日比谷の強みです。実際、最初は箸《はし》にも棒にもかからないような論述をしていた生徒がだんだん力をつけていきます。序章で「添削がすごく良くなっている」と紹介した女子生徒は、東大に合格しましたが、担当教員に聞くと、「秋口に最初に持ってきた論述のレベルはかなり低かったのですが、よくあそこまで伸びたものです」と言っていました。

力をつけた生徒はもちろん立派ですが、それを支えた教員たちの熱意にも、私は敬意を表しています。個別添削指導は、公務員である都立高の教員に課せられた義務ではありません。あくまでも、教員が自主的に行なっているものです。にもかかわらず、添削の書き込みのしすぎで腱鞘炎《けんしようえん》になりそうです、と笑《え》みを浮かべながら指導に向かう教員がいるほど、日比谷の教員は熱血集団なのです。

模試を義務化

「外部模試を校内で行なう必要がありますか」

これは、私が西高の副校長当時、外部模試の導入を巡る全教員の反応です。外部模試は大手予備校などと提携して、土・日曜日を利用して校内で模試を行ないますが、西高には強い拒否反応がありました。

私は「外部模試は絶対に必要だから、1回だけでもやらせてほしい」「希望する生徒だけでもいいから」と教員たちを説得。そして、受験希望者を募《つの》ったところ、85％の生徒から申し込みがあったため、外部模試の導入となりました。西高では、現在も年に複数回実施しているようです。

このように、都立進学校でも外部模試を積極的に活用する学校は少ないのが実情です。日比谷では長澤校長の校内改革にともない、外部模試を逸早《いちはや》く導入。私が校長に就任してからは、3年生の外部模試を3回から4回に増やしました（1・2年生は従来どおり3回）。

では、外部模試のメリットはどこにあるのでしょうか。

それは、志望校の合否判定を客観的に判断できること。そして、模試の結果の経年変化をデータベース化し、分析することにより、年2回開かれる進学指導検討会で「前の学年に比べ、今年はこの部分がいい」「この部分は落ち込んでいる」という認識を教員全体で共有できることです。

たとえば、前年の模試に比べて数学の成績が落ちていれば、その解決策を数学科が考え、実行に移してもらいます。この仕組みは、以前から日比谷にあり、教員たちにもこの文化が根づいていました。

ただ、私の校長就任当初、「各科が提出する解決策が非常に形骸化《けいがいか》している。どうせ去年の解決策のコピペなのだから、やめたほうがいい」と進言する教員がいました。確かに、そのような教科もありましたが、私は「もうすこし待ってほしい。これから解決策の中身をきちんと確かめて、必ず生徒のためになるように整えていく。それでもだめならやめるかもしれない」と、話したことを覚えています。

今は、生徒のことを第一にするという私の姿勢を全教員が受け止めてくれているので、解決策についても受動的に「つくらされている」のではなく、「どうすれば、生徒のためになるか」を能動的に考えてつくる教員が多くなりました。

こうした教員たちの変化は、入試への対応策にも現われ始めています。たとえば、二〇一六年までは2年生終了までに、主要3科目（英語、数学、国語）を仕上げることが目標でした。ところが最近、教員たちから「今の2年生や1年生は、今までより高い学力を持った層が入学しているので、これまでと同じやり方ではだめ。２年生の秋以降、理科と社会についても仕上げていきましょう」という声が聞こえてきたのです。

すでに、その取り組みが始まっています。たとえば地理歴史、公民は、二〇一八年度の入試で世界史を選択する2年生を全員集め、先取り講習を平日の放課後に設けたり、さまざまなアドバイスをしたりしています。これは理科・化学なども同様です。

この取り組みをさらに強固にしていけば、より多くの生徒たちが希望を叶えられるようになると思います。

入試改革

本章では、日比谷のさまざまな改革や取り組みについて述べていますが、その原点とも言えるのが、二〇〇一年に河上校長が導入した独自入試です。

都立高の入試問題は、一般的に教育委員会が作成し（共通入試問題）、それが長らく採用されてきました。しかし、この共通入試問題は都立高全体の幅広い学力層を対象としており、合格レベルや特徴・校風が異なる各校の入試に、画一的《かくいつてき》に用いられるため、さまざまな課題を生んできました。

たとえば、日比谷が「思考力」「判断力」「表現力」に秀《ひい》でた生徒が欲しいと思っても、共通入試問題では受験生の特徴をほとんど把握《はあく》できません。なぜなら、日比谷の受験生の平均点は85～90点以上にも達することから、ケアレスミスの有無で合否が決まってしまうこともあります。そのため、入学時における生徒たちの「能力差（偏差値の高さではなく、得意な分野、苦手な分野から発生する能力差）」を読み取ることが難しいのです。

そこで、都立高の復活と個性化を目指す教育庁は二〇〇〇年、入試問題の自校作成（独自入試）を主要高に要請。二〇〇二年度入試から、日比谷が全国の公立高にさきがけて実施しました（英語、数学、国語が自校作成問題。社会、理科は共通入試問題）。その後、進学指導重点校を中心に広がり、二〇一〇年までに15校が導入しています。

しかし、これは各校・各担当者に多大な負担となっていることも事実です。入試問題を作成する教員は1年にわたり、大きな負担を強《し》いられます。まず、中学の教科書と学習指導要領を隅々《すみずみ》まで読み込み、その内容を十分に理解したうえで、中学3年までの学習分野と内容を掘り下げ、入試問題として整合性のある問題を作成しなければなりません。したがって、専門性も問われます。

さらに、問題作成が終わり、無事入試が終われば採点です。日比谷は受験者数が多く、記述式の出題傾向が強いため、膨大な答案量と煩雑《はんざつ》な採点業務でさらなる負担を強いられます。

このように、独自入試は日比谷の教育方針に沿った良質な生徒を集められる、教員のレベルが上がるといった大きなメリットと、教員の過重負担という問題をもたらしています。

独自入試の復活

その後、教育庁は、独自入試を実施する15校を進学指導重点校、進学重視型単位制高校、併設型高校（中高一貫校）の3グループに分け、それぞれに入試問題作成委員会を設置してグループ共通の問題（グループ作成問題）をつくる制度に変更、二〇一四年から実施しました。

日比谷は進学指導重点校グループに属し、西、戸山、国立《くにたち》など7校合同で入試問題を4年間作成してきましたが、この間に、同制度の弊害が指摘されるようになりました。

たとえば、グループ化すれば、従来の単独作成より効率化が図《はか》られ、作業負担が軽減するだろうと考えられていたのが、実際にはグループ内の調整などが煩雑になり、入試問題のレベルを最後まで精査できないまま、印刷会社に発注しなければならないことがありました。

さらに、グループ作成問題と言っても、日比谷をはじめ多くの高校が「差し替え問題（1教科につき大問1題が自校作成問題へ差し替え可能）」を導入しています。これは、グループ作成問題では、各校が求める生徒の学力をきめ細かく見られないことを表わしているのではないでしょうか。

私はそもそも、同制度導入には反対でした。導入以前の進学指導重点校の校長会で、他校の校長から「なぜ、あなたは同調しないのですか」と言われたこともありますが、私なりの信念があったからです。

まず、思考力を問う難易度の高い入試問題をつくるには優秀な教員チームが必要ですが、グループ化すると、これを解体しなければなりません。すると、校内で独自問題をつくる文化が失われ、それとともに教科の指導力が衰退します。高校の入試問題は、中学校の学習指導要領から逸脱《いつだつ》できないわけですから、中学校で何を勉強するか熟知しなければなりません。そのうえで、本当に考える力を問うような難問をつくる力のある教員こそ、子どもの力を伸ばせると思うのです。

さらに、入試問題の自校作成の背景には、本当の意味での受験生の学力や能力差を測定すること、「日比谷に入学したいならこのような力をつけてきてください」というメッセージを伝えることがあったはずです。

その結果、学校群制度の導入以降、私立名門校に流れていた優秀な子どもたちが、徐々に都立高に集まるようになってきたのです。それにもかかわらず、入試問題の自校作成を導入後、十数年経《た》つと作問が負担になった、共通化できないか、という発想につながりました。そして、その結果は前述の通りです。

こうしたことから、教育庁は進学指導重点校7校の働きかけもあり、二〇一八年の入試からグループ制度を廃止し、元の各校独自入試を復活させることになったのです（併設型を除く）。日比谷はもともとグループ化に反対していましたし、グループ化導入後は毎年度、英語、数学、国語の大問1題を差し替えてきたので、独自入試の復活は大いに歓迎しています。

校長とはマネジメントリーダー

ここまで、日比谷の校内改革について振り返ってきました。では、そのなかで私を含めた校長は、どのような役割を果たしてきたのでしょうか。

まず、校長に対して、どのようなイメージをお持ちでしょうか。たとえば、「いつも校長室にいる人」「朝礼や学校行事で挨拶をする人」「直接話したことがない人」などなど。つまり、学校組織のトップでありながら、学校経営にあまりかかわっていないと思う人が多いのではないでしょうか。

これは、ある意味で正しいと思います。なぜなら20〜30年ほど前は、「学校の最高議決機関は職員会議」という実質的位置づけがあり、職員団体に属している教員が校長の求める改革に軒並《のきな》み反対。多数決で決めて学校を運営することもありました。つまり、以前の公立高校の校長は、自分の意図する学校経営がしたくてもできなかったのです。

地方の一部の公立進学校などではいまだに校長と言えば、定年までの残り3年間の名誉職であり、教員生活最後の「上がりの役職」という意識が少なからず残っていることもあるようです。

ところが、都立高では、序章でも触れた新宿高校事件が一九九八年に勃発。教育庁による都立高改革が余儀なくされました。その結果、本来、校長の持つ予算や人事に関する専権事項を適正に行使できる環境が整い始め、校長による学校経営がクローズアップされるようになりました。

もちろん、校長の方針に異を唱えるような文化が今も残っている学校もありますが、日比谷では長澤校長以来の改革が浸透《しんとう》、校長の示す方針に対し、表立って「ノー」と言う教員は皆無です。

つまり、校長の権限と責任が大きくなっているのです。言い換えれば、校長のマネジメント能力とリーダーシップが、その学校の将来やありように非常に大きな影響を与える時代になっているのです。

SSHの研修として2015年7月、
小《こ》平《だいら》桂《けい》一《いち》博士の講演を東大安田講堂で聴《き》く

第3章

日比谷だからできること

——中高一貫校との違い

2014年8月、同研修でMIT(マサチューセッツ工科大学)の研究室を訪問

中高一貫校の良さ

前章では、二〇〇一年以来の日比谷の主な校内改革について述べてきました。本章では、6年制の中高一貫校（以下、一貫校）と日比谷のような通常校を比較し、それぞれの特徴を洗い出していきたいと思います。

私は一貫校に通ったこともないし、教員になってから一貫校で教えた経験もありませんが、6年という長いスパンで子どもを育てられる一貫校のメリットは非常に大きいと感じています。

一貫校を志望する保護者・生徒のほとんどは「高校受験もないし、中学段階から高校課程を前倒しできるので大学受験に有利」、あるいは「ゆとりを持った教育を受けられる」と考えているのではないでしょうか。確かに、一貫校では時間的に余裕があるため、中学では知識を単純にインプットするのではなく教科への興味を持たせて勉強の楽しさを感じさせ、高校時代は学問への探究心を育んで主体的に学ぶ姿勢を身につけさせる教育が可能です。

それに対して通常校は、3年間の枠組みのなかで一定の教育課程を終わらせなければばなりませんし、教員は常に生徒の進路実現を意識します。これはやむを得ない部分でもありますが、前章でも述べた通り、私は教員に「一方的な知識伝達型だけの授業にしないでください」「生徒との対話や、やりとりを大事にする授業にしてほしい」とお願いしています。

やはり、知識を一方的に生徒に伝達するだけの授業より、沸《わ》き立つ興味や学習意欲を授業で生徒に感じさせることが大切です。授業がおもしろいと思えば、授業外でも徹底的に調べる、友だちと議論する、フィールドワークに出かけるというように生徒は自分でどんどん学んでいきます。そのような主体性を私は大事に伸ばしていきたいのです。

この主体性を育むために、一貫校の６年というスパンは大変有意義ではないでしょうか。言い換えれば、６年使って生徒たちを大きく育てられる、とも言えます。

受験でも一貫校は有利です。中高と連結しているので、高校の教育課程を先取りし、空《あ》いた時間を演習にあてることができます。これは、一貫校の強みです。通常校が演習の時間を十分に取るためには、授業のペースをさらに早くしなければなりませんが、そのために知識詰め込み型の授業になってしまっては本末転倒でしょう。

通常校の良さ

では、通常校のメリットとは何でしょう。まず、入学時のスタートラインが全生徒一緒ということです。一貫校のなかには、高校からも生徒を募集するところもありますが、その場合、中学校からの内進者と新規入学者とはおのずとスタートラインが異なります。当校には「それが嫌で、日比谷を選んだ」生徒も少なくありません。

また、一貫校には高校入試がないのでゆとりがあると言われていますが、私は疑問を感じます。なぜなら、生徒にとって、高校受験があるからこそ、勉強に励む部分も強く、時折《ときおり》話題になる一貫校3〜4年生の「中だるみ現象」が、通常校の生徒には現われません。

もちろん、一貫校の生徒すべてが中だるみをするとは思いません。高校受験がないぶん、自分の進路に沿った勉強に打ち込む生徒がほとんどでしょうが、なかには中だるみにとどまらず、留年やドロップアウトしてしまう生徒も存在すると聞きます。

その点、日比谷の厳しい入試を突破してきた生徒たちは、これからの新しい3年間に大きな希望を持っています。一貫校に比べ、時間的制約の多いなか、学習、学校行事、部活、SSH（後述）、東京グローバル10（同）などを通し、密度の濃い3年間を過ごします。

つまり、時間をうまくやりくりしないとやり遂げられないのですから、集中力が養われ、時間の使い方など計画性も育まれます。これは大学受験も同様で、一貫校と比べれば確かに時間の余裕はありませんが、短期集中的にプログラムをこなし、自分の希望を叶えていきます。

開成を蹴《け》って日比谷へ

以前、ある週刊誌の企画で、「開成と日比谷、両校に合格したらどちらを選ぶか」というテーマで東大合格者数36年間連続1位（二〇一七年時点）の開成中学・高等学校の柳沢幸雄《やなぎさわゆきお》校長と対談する機会がありました。

進学問題に関心が高い小学生保護者の前で、司会者の質問に私と柳沢校長が回答し、「開成がいい」「日比谷がいい」と参加者の意見を聞いていく形式でしたが（開成は一貫校ですが、高校でも入学試験実施）、教育内容については日比谷を支持する保護者が、予想以上に多い印象を受けました。

これには、当事者として感慨深いものがあります。なぜなら、10～20年前の都立高低迷期には、開成を蹴って都立高に進む選択肢はない、と言っても過言ではありませんでしたから。

しかし、現在の日比谷の男子生徒のほぼ1割は開成を蹴って入学しています。私が開成を蹴った生徒に理由を聞くと、「日比谷を選択すれば、高校のスタートラインが一緒だから」という声が多かったのです。さらに、進路指導や日比谷の面倒見の良さに共感していただける保護者も少なくありませんでした。

ただし、高校からではなく、中学から入学するなら一貫校を支持する保護者が圧倒的でした。やはり、6年というゆとりあるスパンと、高校受験がないところに大きな魅力を感じていると推察します。

「日比谷だから――」

このように、日比谷生は一貫校に比べ、忙しくも密度の濃い高校生活を送るわけですが、「部活や学校行事を減らせば、さらに難関大学への進学率を伸ばせるのではないか」という意見もあります。

ただ、何度も言うようですが、私は進学実績を上げるためだけに日比谷生の教育をしているわけではありません。あくまでも、将来的にリーダーとして活躍できる人材を育てたいと思っています。そのために、限られた時間のなかでできることをすべてやりながら、受験もあきらめないで全力を傾ける、という姿勢を生徒たちに教えているつもりです。

幸いにも、卒業生たちからは、「星陵祭があったから、受験を乗り越えられた」「部活でがんばってきたからこそ、やり遂げられた」「他の学校に行っていたら、自分はここまで伸びなかった」などという声が多数寄せられています。

率直に言うと、日比谷生にはがんばる生徒が圧倒的に多いのです。そして、おたがいがおたがいを高め合っていく存在であり、「易《やす》きに流れて後退していくような集団・人間関係」ではありません。これが日比谷の伝統であり、文化であり、強みでもあると思います。

とはいえ、どんなに教育理念がすばらしくても、結果がついてこなければ支持されません。二〇〇一年に始まった校内改革の成果が今、徐々に出始め、難関大学への進学率も上がってきましたが、日比谷生は「受験だけで燃え尽きる生徒ではない」ということだけは記しておきたいと思います。

通常校のほうが伸びる⁉

大学受験で燃え尽きて入学後に意欲を失う「燃え尽き症候群」は、一貫校卒業者に多いと言われています。たとえば、東大に入学しても、小学生の時から合格することを目的とした学びにシフトしてきたために、学問に対するモチベーションが冷え込んでしまう学生もいるようです。

これは、ある意味で仕方がないのかもしれません。彼らは小学校から塾に通い、中学受験を経て一貫校に入り、そのなかで6年間過ごしてきた人たちです。つまり、小学校の中高学年から中学、高校と東大を目指して過ごしてきたわけですから、目標を達成したとたん、逆に目標がなくなってしまうこともあるのです。まるで、伸びきったゴムのような状態ですから、学問に意識が向かなくなってしまうのでしょう。

最近、東大や京大が相次いで推薦入試を導入しましたが、その理由として、大学関係者の合格者の多くを占める一貫校から入学してくる学生たちへの違和感があるようです（複数の関係者から聞いています）。そのような学生よりも、地方の公立高校などでたくましく育ち、真剣に学問を探究する、まさに入学後に伸びる学生を求めて推薦制度を導入、70人以上も受け入れるようになったのだと理解しています。

もちろん、一貫校出身者よりも通常校出身者のほうが、大学入学後に伸びる可能性が高いと言い切れるわけではありませんし、この議論はそれほど重要ではありません。いずれの出身であれ、ともに学問探究に意欲を持つ学生同士がたがいに高め合って学術的成果につなげていくべきですし、どちらの学校が子どもに合うのか――のほうが重要です。

日比谷を選ぶ保護者は、中学受験をさせるよりも小学生時代は伸び伸びと過ごさせ、公立中学校を経てから高校で伸びてくれればよい、と考えている方が多いようです。多くの費用を何年間にもわたってかけなくても、学力とともに人間性をきちんと育む公立高校が全国に存在していることは、知っていただきたいと思います。

面倒見の良い学校

最近、雑誌などの取材を受けると、「日比谷は面倒見が良い」と書かれることが多くなりました。ここで言われる面倒見とは、教員が生徒の進路実現に対して、きめ細やかに接しているということでしょう。

私たち教員は、生徒たちの能力を伸ばすために年に複数回の面談をしたり、土曜講習、夏期講習、春・冬講習、添削指導などのほか、全教員が共有できる生徒のデータベースをつくったりしています。これらが面倒見の良い学校という評価につながっています。

しかし、今後は変わるかもしれません。かつてのように、東大に200人近く合格するような生徒層が入学してきたら、今とは異なる方法が求められます。あくまでも、この方法は今の生徒たちに適しているから、その仕組みをつくりあげ、実践しているのです。

都内の私立・国立の一貫校は、小学生の学力トップ層をおおかた持っていきますが、彼らは手厚く面倒を見なくても大丈夫なことが多いようです。たとえ、学校が進学面の面倒を見なくても、塾・予備校に通えば一定の成果を上げられるのでしょう。

ところが、日比谷は私立・国立ではなく公立の中学校に進んだ、当時の学力トップ層ではない、〝次の〟高学力層を預かっているわけですから、彼らに保護者や教員が適切にかかわり、しっかりと背中を押してあげなければなりません。すると、手をかけられていない生徒以上に伸びる可能性があるのです。

私は、それを日比谷に入ってくる生徒たちに感じているからこそ、打てる手段はすべて打っているわけです。しかし前述のように、「それはおせっかい、放っておいてくれ」という生徒層に変われば、方法を変えます。

これは、今の日比谷生にはまだまだ大きな伸《の》び代《しろ》がある、ということでもあります。それをもっとも感じるのは3年生の冬です。

この時期は部活も学校行事も終わり、受験勉強一色となりますが、十二月から一月になると、生徒から出てくる質問の質が明らかに変わりますし、書いてくる記述の内容も鋭《するど》くなるなど、三月まで滞《とどこお》りなく伸びていきます。日比谷の教員たちはそれを知っているからこそ、最後まで面倒を見るのです。

生徒による授業評価と入学満足率93％

こうしたことが評価されたのかもしれませんが、二〇一六年度の学校評価アンケートによる入学満足率は保護者98％、生徒93％でした。つまり、保護者・生徒の多くが、日比谷に入学させて（入学して）満足してくれているということです。さらに、学習指導への評価は肯定割合81％と、私が着任する5年前の60％台から大幅に改善しました。

ちなみに、学習指導への評価とは、普段の授業に加え、土曜講習、夏期講習なども含めた学校全体の学習への取り組みに対する評価です。これが上昇した背景には、土曜講習の改善なども挙げられます。

私が着任した当時の土曜講習は、今のような生徒の学習到達度別の標準講座（長めの講義のあとに短めの演習）と発展講座（短めの講義と長めの演習）に分かれていませんでした。しかし、ある教科主任会で「生徒のニーズがあるから2講座つくろう」という話が出ました。

そして、修了式で「このような過去5年分の学習評価が出たけれど、まだ不十分なところもある。授業は君たちと先生たちとでつくるのだから、双方の努力でさらに良い方向へ向けていこう」と話したところ、生徒たちも積極的に賛成してくれました。

いっぽう、生徒による授業評価（二〇〇四年から全都立高に課せられたアンケート調査で年2回実施）には、教員の授業に対する評価で、内容が難しい・やさしすぎる、授業速度が速い・遅い、熱意がある、板書の説明がわかりやすい、など多岐にわたるさまざまな質問項目が用意されています。

したがって、この評価は個々の教員によりまちまちですが、その結果は全科目、レーダーチャートとしてまとめられ、生徒にフィードバックされます。私が就任した時は、その集計結果は教室に3日間掲示されているだけでした。しかし、これでは誰も見ませんし、教員も生徒も本気で授業を良くしようとは思わないでしょう。

そこで私は、すべての授業担当者に、「どのように授業評価を受け止めたか」「生徒に何を期待するか」「改善するべきことは何か」という視点でコメントを書くように求めました。それを一覧表にして、アンケートの集計結果とともに私のメッセージも付して印刷、全校生徒に配布しました。

これはやがて、前章でお話しした校内研修につながりました。何よりも、生徒の授業評価が反映され、それを教員と生徒が共有することに意義があります。このような取り組みが1年、2年と積み重なるなか、今の日比谷の学習指導というスタイルが形づくられてきたのです。

授業、定期考査の共通化は日比谷だけ

日比谷は前期・後期の2学期制のため、年4回（中間・期末）の定期考査を実施しています。しかし、私の就任前は、定期考査の問題が完全に共通化されていたのは国語と英語だけでした。それ以外の教科では、問題が教員によって違っていました。こ

れは、同じ教科でも授業担当者により授業進度や授業内容が異なることから来る弊害です。

本来であれば、教科全体で授業の進捗度をそろえ、定期考査には同じ問題を出さなければなりません。特に、都立高は私立高と違って教員の異動があるのですから、たとえ一人の教員が抜けたとしても、教科全体で一定の質の授業を保証しなければいけないと思います。

しかし、今でも多くの都立高では定期考査の問題がバラバラで、あまり問題視されていません。しかし、私はどうにも腑《ふ》に落ちず、教員たちに「複数の教員が授業を担当していても、チームでコミュニケーションを取って授業内容と授業進度をそろえてください。定期考査の問題はすべて共通化することを目指してください」と訴えました。

そして、１年後には数学が完全に共通化。地理歴史、公民、理科も徐々に達成し、二〇一七年度前期には全教科・科目で１００％共通問題になりました。

要は教員が入れ替わっても、日比谷生にとってあるべき授業を確立していくことが重要であり、それが教科マネジメントのできている状態だと思います。残念ながら数ある都立高のなかで、ここまでしているのは日比谷ぐらいだと思います。

現役で合格するには

「1年生の時は部活で疲れ、ついつい眠くなって甘えてしまいました。あと1カ月あれば仕上がったのに、自分は間に合いませんでした。本当に悔《くや》しい。後輩たちのために、教訓として私のことを話してくれませんか」

卒業式前後に、涙を流しながら校長室を訪れ、このような話をしていく生徒が複数いました。

すでに何度か述べているように、私は生徒には現役で志望校合格を叶えてあげたいと思っています。もちろん、生徒が「浪人すれば難関校に合格できると思うので、浪人したい」と希望すれば従わざるを得ませんが、日比谷は現役合格を基本目標としています。

では、現役で合格するにはどうしたらよいのでしょう。それには学力を伸ばす以外方法はありませんが、学力を伸ばすためには「学習と生活と進路に関する意識を、入学時から高い状態で維持していくこと」と「1日のなかの文武両道」を実行することが一番大切です。

1日のなかの文武両道とは、「1日のなかで部活も行事も勉強も頭を切り替えて、やるべきことをやる」ことです。

具体的に言えば、「部活や行事に取り組みながら、平日は学年プラス2時間、休日は学年プラス4時間の学習時間をつくりましょう」ということです。これは昔から日比谷で言われていることで、私が言い出したことではありませんが、1年生なら平日3時間・休日5時間、3年生は平日5時間・休日7時間の自習となります。

もっとも、完全に実行できている生徒は全体の10％程度だとも見ています。しかし、目標をクリアするために、通学などの隙間《すきま》時間を有効に使うなどして、地道に積み重ねていくことが、現役合格を叶える最短距離だと思います。

部活で疲れた日も、必ず教科書・参考書を開く。そして、それを3年間続ける。これを実践した生徒が多かったから、二〇一六年の東大現役合格者が33人という、近年にない結果になったのだと思います。

第1章でも述べましたが、一九九〇年代の日比谷は「8割の生徒が浪人で、大学進学は4年計画」という状況でした。しかし、今は「1浪が当たり前」と考える生徒・保護者はほとんどいません。「都立高だから、1浪は当たり前」などと無責任なことを言う人は、今の都立高の校長にはいないでしょう。

部活に熱心な生徒ほど、難関大学に合格

日比谷には文化系、運動系を合わせて32の部活があり、全生徒の95%が何らかの部に属しています。このため、放課後も校舎や体育館、校庭は活気にあふれ、生徒たちの歓声が響《ひび》き渡ります。

日比谷の部活の特徴は、一部を除き、教員ではなく、生徒主導であることです。たとえば、私はバドミントン部のメイン顧問ですが、練習スケジュールやメニューはすべて生徒たちがつくります。

現在、バドミントン部には62人の部員がいますが、コートは3面しかありません。

このため、よほど効率的にメニューを回していかないと練習自体が成立しなくなりますが、そこは部長中心に生徒たちがうまく切り盛りしています。また、バドミントン部の役職員は選挙ではなく、上級生が指名しています。

したがって、私のすることはノックの球出しや、部員の人数が奇数の時の基礎打ちの相手をしたり、ゲーム練習で人が足りなかったりした時に入るぐらいです。私はアドバイスやヒントを与えても、部の運営に口出しや指示を出すことはありません。

もう一つの特徴としては、学校としての制限があることです。平日は週のなかで必ず1日休みを入れなければならないし、土・日曜日もどちらか1日は休まなければなりません。また、朝練習は週2回、夕方の活動は18時最終下校と決まっています。やや制限がきついかもしれませんが、これが日比谷の文武両道です。

そして、部活を熱心に行なう生徒ほど、難関大学に進学するケースが目立っています。やはり、限られた時間のなかで学習にも部活にも集中力を高めて臨《のぞ》むからこそ、結果的に望みが叶うということなのでしょう。

このような制限のなかでも、女子柔道部は二〇一五年、東京都国公立高校柔道大会の女子団体戦で駒場高校の11連覇を阻《はば》み、優勝しました。この時は全校集会で表彰したのですが、大歓声が上がりました。

さらに、陸上部は二〇一六年にインターハイに出場。バドミントン部は二〇一六年、東京都の女子団体戦で3位になりました。余談ですが、私は高体連（東京都高等学校体育連盟）のバドミントン専門部長を務めており、生徒たちは「校長の名前の入った賞状を取るぞ」と奮闘、実際に表彰できた時は感慨深いものがありました。

また、弓道部の女子生徒は二〇一六年に全国大会（武徳会《ぶとくかい》）で個人優勝しましたし、音楽部合唱班は二〇一七年、NHK全国学校音楽コンクール東京都本選で、都立高としては最高位の銀賞に輝きました。

このように、限られた練習時間のなかでも創意工夫し、考えるプレーや技能発揮をすることで一定レベルまで十分に到達できることを、日比谷生は体現しています。そして、部活に熱心に取り組んだ生徒たちは部活終了後、自らの進路実現にも最後まであきらめることなく取り組んでいきます。

最大の学校行事・星陵祭

日比谷の三大行事と言えば、五月の体育大会、六月の合唱祭、九月の星陵祭。このなかで、日比谷生がもっとも真剣に行ない、卒業後も長く語り継がれていくのが星陵祭です。

星陵祭は文化祭ですが、他校のように模擬店やお化け屋敷などはなく、全学年全クラスすべてが演劇を行なうのが、古くからの伝統です（123ページ上の写真）。生徒たちは星陵祭企画委員会の有志で結成されたチーフ会（総務部門、装飾部門、広報部門、イベント部門）を中心に、ほぼ1年をかけて、部門ごとに必要な準備を整えます。

各クラスでは演目、監督（演出家）、役者、衣装、大道具、小道具、音響、照明などの担当者を決め、早いクラスでは8カ月前から練習を始めます。基本的にクラス全員参加が原則ですから、生徒たちは何かしらの役割を担当します。

なお、全学年で24クラスが演劇を行なうので、演目《えんもく》が重複するのではないかと思われるかもしれませんが、3年のクラスの演目を最初に決め、下の学年はそれと重ならないように調整します。

星陵祭は企画、運営、実行など、すべてを生徒が自主的に行なうイベントであり、教員は担当を除くと、ほとんど口を出しません。ただ、3年生の場合、机や椅子を組み合わせて本格的な舞台、観客席をつくるので、管理職と担当教員およびチーフ会の生徒が、公演前夜に安全のため、舞台、観客席、照明器具などをチェックします。

そして、いよいよ開催当日。二〇一七年は2日間合計で約7600人もの来場者を迎えました。特に、3年生の演劇のクオリティーはかなり高いので、チケットもなかなか取れないほどの盛況でした。文化系の部活のハイレベルな研究発表や音楽部の演奏会なども、好評を博《はく》したようです。

日比谷生にとって、星陵祭はかけがえのないものです。2日目の最終公演の終演時間が迫ってくると、何人もの役者やスタッフが涙を流しているのを見かけます。私も思わずもらい泣きするほどですが、それだけ本気で、長い時間をかけて、仲間と一緒に一つのものをつくり上げてきたからでしょう。

なお、前述の学校評価アンケートでも、一番評価が高いのが星陵祭です。生徒たちがこのイベントにどれだけ情熱を傾《かたむ》け、楽しみにしているかがわかります。3年生はこの星陵祭が終わると、頭を切り替え、一気に受験勉強に打ち込みます。

いっぽう、体育大会は新年度が始まり、新1年生が入学して最初に行なう学校行事です。そのため、この大会が終わると、全校が一つにまとまった印象を受けます。予行練習のない、ぶっつけ本番の体育大会ですが、生徒たちはみな笑顔で、選抜リレーなどの歓声は、国会議事堂近くの議員会館までこだましています。

合唱祭は、体育大会の翌日から朝練習が始まります。これもやはり、3年生のクオリティーが高いため、1年生のトップは新人賞、2年生のトップは優良賞、3年生のトップは最優秀賞となるのですが、1・2年生が3年生の合唱を「自分たちは3年生になったら、あのレベルに達するのだろうか」と固唾《かたず》を呑《の》んで見ているのが印象的です。

このように、日比谷生は星陵祭の準備をしながら、体育大会、合唱祭を行なうのですから大変忙しいのです。そして、この間にも学習と部活は欠かせません。生徒たちは、これが日比谷の文武両道ととらえて、がんばっているのです。

SSH（スーパーサイエンスハイスクール）

日比谷の校内改革のきっかけは、二〇〇一年に教育委員会から進学指導重点校に指定されたことにまちがいありません。そして、二〇〇七年にSSH（スーパーサイエンスハイスクール）の指定を受けたことが、さらなる改革に弾みをつけることになりました（二〇一二年に再指定。二〇一七年に再々指定）。

SSHとは、高校における理科・数学に重点を置いたカリキュラムの開発や、大学や研究機関との効果的な連携方策について研究し、将来の科学技術系人材を育成することを目的に、文部科学省（以下、文科省）が全国の高校から寄せられた実施希望調書を審査後、指定するものです。指定されると、その活動のための経費（物品購入、研修・講師費用など）の支援を得られます。

具体的には、授業や放課後、夏休みなどを利用して大学教授の講義を受けたり、海外研修に行ったりすることができます。その内容は各校に任されていますが、日比谷では「創造性豊かに国際舞台でリーダーシップを発揮し活躍できる科学者の育成……日本再生を願って……」というテーマを掲げ、さまざまな取り組みを行なってきまし

図表7　日比谷高校のSSHへの取り組み（2016年）

対象：全校生徒 文系・理系問わず、希望すれば参加可能。単位としても認定
取り組み1：高大連携・高大接続、産学連携 SSH特別講演会、大学教授による出張授業・講演会、企業講演・訪問、独創性・創造性を育む探究的授業の指導法の開発
取り組み2：国際化 海外の大学・企業との交流・連携、アメリカ西海岸・ハワイ島派遣研修、英語による各種講演会、生徒による英語プレゼンテーション
取り組み3：生徒の自主探究活動 各種研究・発表会への参加、科学オリンピック・コンテスト等への参加
受賞歴： 生物オリンピック／銀・銅・優良賞、全国物理コンテスト物理チャレンジ／銀・銅・実験優良賞、化学グランプリ／銀・銅・関東支部長・関東支部奨励賞、化学クラブ研究発表会／金賞、科学技術JSEC全国大会／審査員奨励賞A、日本学生科学賞東京都大会／最優秀・奨励・努力賞、東京都科学の甲子園／銀賞　ほか多数

た（図表7）。

また、希望すれば文系・理系にかかわらず、全生徒が参加・活動できることが日比谷の特徴で、これは外部から高い評価を得ています。

しかし、SSHは大学の先取り学習ではありません。二〇一七年、東大理科I類に合格したある生徒が、私に報告に来た時、「SSH活動を通して、今勉強している先の学問の世界がどのようなものか知ることができ、日々の授業など勉強のモチベーションが高まりました。それで受験勉強もがんばれました」と言っていましたが、これは、取りも直さず、早く学問の世界に足を踏み入れたい、だから勉強したということでしょう。

彼はSSHの海外派遣研修（87ページ下の写真）に参加した生徒で、朝7時に登校、自習室で勉強後、授業を受け、放課後も19時まで自習室で勉強していました。塾・予備校へは1日も通っていません。このケースからも、SSHは、日比谷および日比谷生に大きな影響を与えていると思います。

文系と理系の逆転

さらに、以前の日比谷は文系志望者が多く、大学卒業後は官僚の世界を目指す人が多かったのですが、ここ10年は理系志望者数が増加しています。現在は学年により違いますが、理系6・文系4、あるいは半々といった状況です。

そこで、理系志望の生徒に「なぜ、日比谷を選んだの」と聞くと、「SSHに指定されているから」「塾で校長先生の講演を聞いて、SSHに興味を持ったから」「SS

Hの海外派遣研修に参加したいと思ったから」などの答えが返ってきます。正確な調査はしていませんが、こうした生徒はおそらく各学年に数十人いるのではないでしょうか。

このように、文系色の強かった日比谷は、SSHの指定を受けたことで理系優位に変わり始め、今後はさらに理系色が強くなるかもしれません。

ところで、このほど文科省から3期目のSSHの指定を受け、さらに5年間延長されました。これは今まで日比谷が取り組んできた活動や研究が認められたことに加え、この先の研究内容は日比谷に期待するというメッセージだと思います。

今回の取り組みは、「理数探究」という新しい学習要領の選択科目がありますが、それを日比谷でつくることです。具体的には、理科と数学の融合した探究活動を2年生および3年生の選択科目として置き、そのプログラム開発を二〇一七年度に1年をかけて行ないます。

そのため、二〇一七年に入学してきた1年生全員にSSH課題研究を課し、2年生になったら理数探究の研究を本格的に始めます。

という ものがあります。

本物に触れる機会

SSHの授業には、高校と大学が連携して（高大連携）、著名な科学者の話を聴《き》くというものがあります。

日比谷では、在学中に一度は全校生徒が東大の安田講堂で著名な方の講演を聴くようにしています（87ページ上の写真）。これまでに、分子生物学者・利根川進博士、天文学者・小平桂一《こだいらけいいち》博士（いずれも日比谷OB）などのお話をうかがいましたが、来校いただく場合も、東大の先生に講師をお願いすることが多くなっています。

ただ、講演を聴いた生徒の反応が悪いと、次から来ていただけないこともあります。たとえば、講演への臨み方、質疑応答の活発さなどから判断して、「この生徒たちのためなら尽力してもいいか」と思っていただければよいのですが、それが逆なら、次はないということになります。

その点、国立天文台教授・小久保英一郎《こくぼえいいちろう》博士、東大大学院理学系研究科附属ビッグバン宇宙国際研究センター教授・横山順一《よこやまじゅんいち》博士には毎年、来校いただいております。

また、東大や東京医科歯科大の研究室を夏休みに訪問したり、首都大学東京やMIT

（マサチューセッツ工科大学）の教授に来校いただいたりしたこともあります。

このように、ＳＳＨに指定されている日比谷では、意欲さえあれば「本物に触れる機会」が数多く用意されています。

ところで、ＳＳＨの海外派遣研修に参加した1期生は現在、大学院の博士課程1年生になっています。彼らはまだまだ研究者の卵ですが、ＳＳＨを体験した数十人のＯＢ・ＯＧが参加する、学年を横断した組織「すばる会」をつくりました。その名は、小平桂一博士が誕生させた大望遠鏡「すばる」にちなんでいます。

彼らは星陵祭の時に来校、自分たちがどのような研究をしているかを説明し、実験を目の前で見せてくれたり、ＳＳＨが自分の人生にどのような影響を与えたりしたかを話してくれたりします。

彼らがこのまま順調に成長すれば、最先端の研究者になっているかもしれませんし、そうなれば日比谷で自分の研究成果を講演する日もそんなに遠くない、と期待しています。

東京グローバル10

東京都は二〇一四年に長期ビジョンを公表、10年後を見すえて積極的に国際理解教育を推進する先導的な学校を「東京グローバル10（以下、グローバル10）」としました。日比谷も指定を受けましたが、日比谷ではグローバルリーダー育成に主眼を置き、次の三つの力を生徒たちが育むことを望んでいます。

一つ目は柔軟で論理的な思考力。たとえば、食料問題を日本から見た場合と、他国から見た場合とでは見方がまったく異なります。それを探究活動のなかで把握して、解決策を考えられるような能力です。二つ目は英語をツールとして活用できる力。三つ目は日本人の弱い、提言力と発信力です。

飢餓《きが》に瀕《ひん》している国や地域があるいっぽう、日本のように食料を捨てている国があります。当校では、その不均衡をどのように解決するかをそれぞれが探究活動を行ない、アイディアを持ち寄り、渡米して食料問題の専門家の前で発表し、フィードバックをもらう海外派遣研修プログラムをつくりました（159ページ下の写真）。

これは、SGH（＝スーパーグローバルハイスクール。国際社会で活躍できる人材の育成に力を入れる高等学校）の認定を文科省から受けられれば、授業の一環として組み込み、単位認定もするつもりでした。ただ、認定されなかったので、今はかなり自由にプログラムを組んでいます。

他のグローバル10指定校では、「国際理解教育の推進」「英語教育の推進」などに主眼を置いているところもありますが、日比谷は将来のリーダーを育てる学校であり、グローバルリーダーの育成に力を入れるために、このプログラムを考えたのです。

ただ残念ながら、生徒にはSSHほどの人気はありません。海外派遣研修の人数は、SSHもグローバル10も12人ずつと同数ですが、SSHは1年生全員を組み込むので探究活動に320人が参加するのに対し、グローバル10は学年全員での探究活動はありません。そこで、2年生になった時点で12人を選抜、短期集中で探究活動をしたうえで海外に行きます。さらに、講演会などもSSHに比べれば非常に限定的なため、1年に数回程度です。

それでも、今では「グローバル10の海外派遣研修があるから日比谷を選んだ」と言う生徒も複数出てきています。二〇一七年に東大文科Ⅲ類に進学したある生徒は「文系分野でＳＳＨの海外派遣研修のようなものが欲しかった」と渡米研修に参加、大きな目標と自信を持って帰国しました。

所得格差と学力の関係

今、「子どもの貧困」や「親の所得による学力格差」が社会的な問題になっています。一般的に、低所得世帯よりも高所得世帯の子どもは高学歴であると言われますが、あながちまちがっていないと思います。

東大合格者ランキングの上位を見ると、私立の一貫校がズラッと並んでいます。私立の一貫校は公立校に比べて授業料も高いですし、そもそも一貫校に子どもを入学させるには、塾通いが欠かせません。つまり、子どもを塾に通わせ、私立の一貫校へ行かせるには、それなりの経済力が必要とされるのです。

これを裏づけるデータとしてよく使われるのが、東大生の親の年収です。東大の二〇一二年の調査によれば、約60％が９５０万円以上で、平均額は１０００万円を優《ゆう》に超えています。これに対し、同年の全世帯の平均年収は５４８万円ですから（厚生労働省・国民生活基礎調査)、東大生の家庭は全世帯平均の2倍近くの年収があることになります。

もちろん、いくら親が高収入でも本人に学力がなければ難関大学へ進むことは不可能ですし、逆に親が低所得でも公立校でがんばり、難関大学へ進む子どもが少なくないことも記しておきます。

翻《ひるがえ》って日比谷はどうでしょう。当校は都立高ですから、入学料(入学金)は5650円、年間の授業料は11万8800円です。さらに、家庭の年収が910万円以下であれば、国の就学支援金制度が利用できます。都立高全体では7割の家庭がその対象になっているようですが、日比谷は3割台。つまり、都立高のなかでは相対的に裕福な家庭の子どもが集まっていると言えますが、なかには経済的に厳しい家庭も存在します。

しかし、その生徒の入学試験や定期考査の成績が下位かと言えば、そのようなことはないし、学習意欲も旺盛です。したがって、日比谷には所得による学力格差はありません。

ただ、入学料が免除になるような家庭の生徒が入学後、学業を中断するような事態にならないように注視しています。もし厳しくなれば、公益財団法人星陵会というOBが理事長を務める組織から、返済義務のない奨学金の受給（年間60万円を限度に在学期間中）を勧《すす》めることにしています。

いっぽう、前述したように、日比谷は夏期講習、土曜講習、個別添削などをすべて無料で実施しています。これらを効率的に使えば、塾・予備校に通う必要もないと言っても過言ではなく、経済的負担はかなり軽減されるでしょう。

伝統と人脈の活用

私が校長に就任して一番感じたのは、日比谷の人脈の広さと強さです。

たとえば、ハーバード大などに生徒を連れていく高校もありますが、大学教授の講義などは、業者さんに料金を払ってコーディネートしてもらうのが一般的です。ところが、SSHやグローバル10で日比谷が訪れるMITやハーバード大の教授は、すべて卒業生の人脈でピックアップするため、業者さんに丸投げすることはありません。

さらに、アメリカ西海岸のスタンフォード大やシリコンバレーにも人脈があります。スーパーコンピュータ「京《けい》」をつくった富士通アメリカ元副社長で本校ＯＢ・三《み》浦謙一《うらけんいち》氏から「面倒見るからカリフォルニアへおいでよ」とお誘いいただき、ＳＳＨの海外派遣研修は二〇一六年よりアメリカの東海岸から西海岸へ移しています。

これらは、明治初期から連綿と続く日比谷ならではのことでしょう。特に、２００人近くの東大合格者を出した黄金期のＯＢ・ＯＧたちの、母校への思いと人脈は大きなパワーとなっています。

さて、ここまで日比谷の特徴や、さまざまな取り組みなどを見てきました。次章では日比谷生はどのように勉強し、難関大学に挑《いど》んでいるか、その学習スタイルについて言及します。

最大の学校行事である9月の星陵祭は、
全学年全クラスが演劇を行なう

第4章

日比谷生の勉強方法

——なぜ通塾率が低いのか

近年、参加者が急増している
7月の臨海合宿

鍵《かぎ》は1年生後期にあり

「日比谷の生徒は忙しいようですが、どのように勉強しているのですか」

これは、塾などの講演会で、保護者からよく聞かれる質問です。私は「最終的に志望を叶えるのは、自分の勉強方法を確立した生徒です。そのような生徒は強いし、学力もぐんぐん伸びていきます」と答えています。

もちろん、「この勉強方法が優れている」と決まったものはありません。生徒個々の性格や生活スタイルが違うのですから、極論を言えば、生徒300人には300通りの勉強方法があると思います。

これでは、漠然としていて答えにならない、と思われるかもしれません。しかし、日比谷では大学入試終了後、4人の合格者が在校生を対象に、「どのような勉強を、どのようにしてきたか」というテーマで講演会を開いていますが、その体験談を聞いても四者四様。結局、「人のスタイルをまねても、うまくいくとは限らない。自分自身の勉強スタイルを確立することこそが大切」という結論になるのです。

これは、日比谷の「進路のしおり」に掲載されている卒業生の合格体験談でも同様で、「とにかく授業に集中した」「隙間《すきま》時間を有効に使った」「家に帰ると寝てしまうので、自習室（55ページ下の写真）を利用した」との声が寄せられています。

では、自分の勉強方法をどのように確立したらいいのでしょう。私は常々《つねづね》、生徒たちに「中学までは親や教師に勉強をさせられていたかもしれません。しかし、高校からは自主的かつ主体的な学びに転換しなければなりません」と言っています。

ですから、自主的に学ぶためにも、1年生のなるべく早い時期、遅くとも後期（十～三月）には、自分の勉強スタイルを確立すべきです。

日比谷は2学期制ですが、「動《どう》の前期（四～九月）、静《せい》の後期」と言っています。前期は五月に体育大会、六月に合唱祭、九月に星陵祭という学校行事があり、それに部活の始動期も重なります。さらに、英語、数学、古典には予習が課されており、1年生は相当忙しくなります。

しかし、忙しいなかにも隙間時間はあるはずです。われわれは授業後の演習などには、「ちょこ勉」「自勉《じべん》」という、隙間時間を利用した学習を勧めています。

とはいえ、前期は絶対的に時間がないというのも事実です。特に、この忙しさをはじめて経験する1年生はとまどうことでしょう。それならば、授業と部活だけになる後期に自分の学習スタイルを確立するのがいいでしょう。ここで自分の学習法を確立できれば、2年生、3年生と充実した高校生活を送ることにつながります。

というのも、2年生は1年生の時の経験をもとに、先の見通しが持てるようになりますし、3年生は上手に時間配分をしながら、さらにクオリティーの高い学習に取り組むことが可能になるからです。

私はここ2年間、入学式では「入学を喜ぶのは今日までです。明日からは新たな学びの挑戦が始まります」と言っています。その意識を持たず、「ああ、日比谷に入学できてよかった」と数カ月過ごしてしまうと、自分の学習方法など見つけられません。忙しくても自分のやるべきことを前期からきちんと積み重ねること。これが学習方法を後期に確立する鍵《かぎ》なのです。

集中力を高めるには

「東大など難関大学を目指すなら、部活や学校行事は控えたほうがいい」、と考える人が多いようです。しかし、私はこの意見に与《くみ》しません。なぜなら、部活や行事に一生懸命取り組んだ生徒ほど、難関大学に合格する可能性が高く、多くの生徒が希望を叶えていることを知っているからです。

先の合格体験談にも、「日比谷の三大行事は楽しい。行事で得た友との絆《きずな》。これほど大きなものはない。成績が伸び悩んだ時、友人との会話がとても良い気分転換になった」「部活の引退時期は入試に影響しない」といった感想が寄せられています。

では、なぜ部活や行事が入試に影響しないのか。それは、１・２年生の時に行事や部活でがんばってきた生徒は、「難関大学に入るための準備が十分にできていない」という自覚を持っており、部活や行事が終われば素早《すばや》く頭を切り替え、猛勉強をして突っ走るからです。いわば、彼らは伸《の》び代《しろ》のある生徒です。

また、行事も部活も授業もがんばってきたので、馬力もあります。そして今度は自分の進路実現に向けて、その馬力をフル回転させ、半年でぐんぐん伸びていきます。

さらに日比谷生の特徴は、集中力の高さ。それは、幼少期からの保護者の育て方の影響も大きいと思います。ですから、基本的な集中力が日比谷で培われるというよりも、その集中力が日比谷でさらに磨《みが》かれると言ったほうが的確かもしれません。

「部活や行事に一生懸命取り組む生徒のほうが難関大学に合格する」のは、部活の限られた時間や学校行事の準備期間のなかで磨かれた集中力が、入試に向かってさらに研《と》ぎ澄《す》まされるからです。

加えて、良い友人（私は「高め合う仲間」と言っています）がいると、その存在も大きいのではないでしょうか。難関大学に現役で入った生徒のなかには、「周りにいる仲間に励まされ、自分も受験に集中できた」と言うOB・OGもいるのですが、それは本音でしょう。そのような友人関係が、日比谷のなかで築けているのではないかと思います。

このような生徒たちを、日比谷は伝統的に見てきました。もちろん、部活に没頭しすぎて入試に間に合わない生徒もいますが、最初から「部活・行事を最小限にして、とにかく勉強」というタイプの生徒は少ないです。

伸びない生徒の特徴

ただし、どうしても成績が伸びない生徒もいます。それは、「塾ベッタリ型」です。つまり、授業中に塾の教材を内職するような生徒が希望を果たしたケースは、私が校長に就任した過去5年間ではありません。

科目に限らず、勉強の基礎・基本はやはり、授業で身につくものです。ところが、塾とベッタリになって学校の授業がこなせない、さりとて塾の教材も回せない。両方が重い負担となり、結局、授業を捨てて、塾の教材を授業中にやっているようでは、本当の力はつきません。塾の講師も「塾はあくまでも、学校の授業の上にプラスアルファという見方をしないとだめです」と言っています。

日比谷の授業はスピードが速いし、求められるものも多いのですが、これをしっかりこなせば、確実に力がつきます。

「塾に行かなかった自分にとって、学校の授業が命綱《いのちづな》でした。日比谷の授業の質の高さは僕らが想像している以上です。できる限り手を抜かずに取り組みましょう。ただ、テストはあまり気負いすぎずに、自分の弱点を知るチャンスぐらいに考えたほうがいい」「塾のために学校の授業を疎《おろそ》かにするのはナンセンス。私は2年生まで、塾の課題を授業中にしていたことがありますが、3年生になってやらなくなると、校内順位が一気に上昇しました」とは、京大（二〇一七年・現役）と東大（二〇一六年・現役）に合格したOB・OGのメッセージです。いずれも、日比谷の授業の質の高さを信頼し、自分の希望を叶えました。

とはいえ、残念ながら、すべての授業レベルが高いわけではありません。まだ改善すべき授業も残っています。日比谷は、塾に行かなくても生徒の希望を叶えられる用意はしていますが、至らない点もある。それを生徒たちは感じ、1科目・2科目を選び、塾へ通っている事実は確かにあります。

しかし、この項の冒頭に記したように、塾の課題を授業中にやるような、規範意識のない生徒はなかなか希望を叶えられません。やはり、規範意識は自分を律《りっ》することに通じ、受験勉強にも影響するのです。

たとえば、私が着任した頃、「これは個性だからいいでしょう」と制服を逸脱したカラーシャツを着たり、違うスカートをはいてきたりする生徒がいましたが、そのような生徒たちは希望を叶えていません。

その頃の教員はあまり気にしていませんでしたが、私が「そのカラーシャツやスカートはどうだろう」と投げかけをしてから、徐々に教員たちも生徒への働きかけをしてくれるようになり、結果として、すべての生徒がきちんと制服を着るようになりました。

規範意識という点では、遅刻の多い生徒もアウトです。成績不振で成績会議で名前が挙がる生徒は、共通して遅刻や欠席が多いものです。現在の日比谷では、そのような生徒はきわめて少なくなっていますが、生徒の意識が高くなり、教員や保護者も必要な働きかけをしてくれているからだと思います。

教員や保護者だけでなく、友人から何らかの指摘を受けた時、それを受け止めて修正できないタイプも、伸び悩むことがあります。しかし、多くの日比谷生はそのような生徒を受け入れ、かかわり合いを持ちながらつきあっていきます。すると不思議なもので、良き仲間とともに過ごすことの影響なのでしょうか、自然と修正していく姿をよく見かけます。

なぜ2学期制と45分授業を採用したか

日比谷では、二〇〇三年から前期・後期の2学期制を採用しています。そのメリットは、授業時間を確保できること。3学期制では始業式・終業式が年に6回必要ですが、2学期制ならそれぞれ2回ずつ、年4回でいいわけです。また、各学期がそれぞれ約100日の長い授業日になることで、年間を見通した学校行事や生徒会活動が可能になります。

しかし、最近、2学期制の学校のなかに、元の3学期制に戻す動きが出始めました。2学期制にすると、定期考査と定期考査の間が長くなります。すると、定期考査が少ないぶん、勉強しない生徒が出てきます。そこで、3学期制にして考査を刻《きざ》み、きちんと学習をさせようというわけです。そのため、一時期より2学期制の学校は少なくなっていますが、日比谷は3学期制に戻す予定はありません。

校内改革を率先した長澤校長の就任当時、日比谷生は部活や学校行事の準備などに追われて疲弊、予習不足や授業中の居眠りが目立ったそうです。そこで長澤校長は「三大行事をすべて前期に集中させ、準備期間を短縮する。後期は勉学に励む。そして、真の文武両道を目指」したのです。私も、現在の2学期制に異存はありません。

また、日比谷では、1コマ（単位）45分・7時限（校時）授業を実施していますが（図表8）。これは文科省が定める標準の1コマ50分より、5分の短縮ですが、授業数が1日7時限と増え、さらに授業日数を確保しているため、基準をクリアしています。

図表8 日比谷高校の日課表

ショートホームルーム	8:20～ 8:25
第1校時	8:25～ 9:10
第2校時	9:20～10:05
第3校時	10:10～10:55
第4校時	11:05～11:50
第5校時	12:00～12:45
昼食	12:45～13:30
第6校時	13:30～14:15
第7校時	14:25～15:10
ショートホームルーム・清掃	15:10～15:20
第8校時	15:20～16:05
第9校時	16:10～16:55

※基本は45分×7校時
（選択科目などで9校時までの曜日もあり）
※開門：7:00
※自習室：7:00～19:00
※部活動（朝練習）：7:30～8:10（週2回まで）
部活動（放課後）：15:30～17:40
（平日4回まで＋土日どちらか）
※最終下校：18:00
※閉門：19:30

これは、大変メリットが大きいと思います。1日7時限にすることで、週休2日制にともなってなくなった土曜日の授業もカバーできますし、一部の科目を2コマ続きにして休み時間を割愛《かつあい》すれば、95分授業や100分授業が可能になり、メリハリの利《き》いた学習活動を行なうことができます。また、第二外国語やSSH課題研究などは8・9時限目に置いています。

生徒にとっては、「50分の内容をスピーディーに45分でやってもらっている。集中しやすい」ようです。

この1コマ45分授業は、ある程度の進学校であれば可能だと思います。しかし、他の都立高からは、導入したいという声は聞きません。1コマ50分を45分にすることは10％の授業のスピードアップにつながりますが、ここには一人ひとりの教員たちの効率化への工夫と資質の向上が求められるので、ある意味で、日比谷のレベルだからできることなのかもしれません。

「教科マネジメント」から「カリキュラムマネジメント」へ

「学校の勉強を信じていい」「日比谷で『当たり前』を積み重ねると、トップレベルに立っている自分がいる」

これは、二〇一六年の合格体験談からの引用ですが、学校の授業に対する日比谷生の信頼感が表われています。前章で紹介したように、学校評価アンケートでも全校生徒の81％が学習指導について肯定しています。

保護者・生徒だけではなく、教育関係者からも「日比谷の授業はレベルが高い」という評価をいただいていますが、校長としても高いレベルに達しているとの自負を持っています。しかし、まだ満足できない授業もあります。いまだに、知識を問う発問に終始してしまう科目も散見されるからです。

私は発問により、多くの生徒の考えが表明され、集団で学ぶ楽しさや意義が感じられる授業を目指しています。主体的な学びにより伸びていく生徒は、その勉強がおもしろいから自発的に学んでいるわけです。ですから、その教科・科目を学ぶことがおもしろいと生徒たちに思わせる授業場面の創造が必要だと考えています。それは、結果として二〇二〇年度に導入される新しい大学入試にも対応するはずです。

今後の学習指導要領で求められるのは、たとえば日比谷の目標――将来のグローバルリーダーの育成――に対して、英語、数学、国語、地理歴史、公民、理科、保健体育、芸術、家庭、情報の授業における教科指導のあり方はどのようなものなのか、を担当教員が突き詰めることです。その意識が全教員に共有され、授業が実践されなければなりません。

また、自主・自律という目標に対して、それを実現していく教科指導、学校行事、部活のあり方はどういうものか。それらが個々に実施されるのではなく、学校の組織目標、教育目標をきちんと達成していくように機能させ、教科指導、学習指導、生活指導、進路指導のすべてが有機的につながりながら目標達成に向かっていくようなあり方です。これが「カリキュラムマネジメント」です。

私が今まで尽力してきたことは、「教科マネジメント」にすぎません。個人商店の集まりで授業をやるのではなく、日比谷生にとってより良い授業をつくっていきましょう、そのために「内容、進度、考査をそろえましょう」という投げかけや、「生徒に考えさせる発問のある授業づくり」に教員たちは応《こた》えてくれました。

今後は、教科マネジメントだけではなく、カリキュラムマネジメントをどのような具体策を持って実行に移していくか。これを校長が考え、教員たちに実践してもらうことが必要です。

私はまだ具体的な「次なる一手」を打っていませんが、ＳＳＨに代表される探究活動を重視する方向性や海外の姉妹校との交流活動が始まることも含めて世界とつながることは、グローバルリーダー育成への一つの方策ではないかと思っています。

入試前２カ月間の特別カリキュラム

日比谷では、３年生の十一月までにすべての教科書の内容を終え、十二月から一月末は時間割を再編成し、入試に特化した特別講座を設けています（巻末に資料③として掲載しましたが、その充実ぶりがおわかりいただけると思います）。生徒は自分の進路に合った講座を取り、隙間《すきま》時間は自習室で学習したり、教員に個別添削を頼んだりして受験前を過ごします。

また、受験用の講座以外にも、基礎講座的な補習も用意しています。つまり、「東大向けのレベルの高い講座」があるいっぽう、「この科目が苦手で、基礎固めをしたい生徒用の補習」もあるのです。

たとえば、第2章で述べたように、数学の定期考査の下位30人は1週間、朝の指名補習を行ないます。そこでは類似の問題を出題し、基礎力向上につなげていきます。センター試験レベルの補習は、授業外の朝や昼休みに1回当たり2問、数カ月にわたって出題し、その日のうちに解答を渡しています。

つまり、補習はそれぞれの生徒の実態に応じて開講しているのです。ここまで教員たちが自主的に補習を行なっているのは日比谷ぐらいではないでしょうか。

西高では私の副校長時、講座を設定することはなく、個別に質問に来る子どもに対応する程度でした。そこで、私が学年主任に「この期間に2次試験へ向けて何らかの手を打ったほうがいい」と言ったところ、「では、数学の講座を始めます」とようやく補習が立ち上がりました。

日比谷では、国語の小論文の添削指導は国語科の全教員が志望大学別に分担します。東大はA先生、医学部はB先生、慶應義塾大はC先生というように、生徒の志望が多い大学別に担当教員を決め、その教員のところに自分の書いたものを持っていき、添削指導を仰《あお》ぐ形式です。

他の教科は担当制ではないので、赤本・青本で自分が解いたものを教員のところに持っていき、添削をしてもらっています。

トップレベルの教員はものすごいレベルの高い添削を行ないますが、全員がそのレベルにあるわけではありません。ただ、情報を共有しながら、生徒が持ってきたものに対して赤を入れて、面談を行ない、適切に返却する形はできています。

添削指導は、学校が生徒に強制しているわけではありません。生徒たちが自主的に記述を持ってくる、あるいは教員が「添削を受けるよ」と言う場合の両方です。

二〇一六年の東大合格者数は44年ぶりに50人を超え、３年連続全国の公立高校のトップに立ちました。そこには、質の高い授業、補習、講習に加え、添削による学力の伸長があることは、生徒も教員も十分にわかっています。それが日比谷の強みであり、教員たちは大きな負担がかかっても、添削指導を続けていく意思は固いのです。

なお、夏期講習をはじめとする各種講習や添削はすべて無料です。次項で述べますが、これらが日比谷生の通塾率の低さにつながっていると考えられます。

ある保護者が、「上の子に続けて、下の子も日比谷に入れたかったけれど、叶わなかった。他校に通わせてみると、日比谷ほど面倒見が良い学校はない」と言っていました。

通塾率の低さ

このように、充実した補習と丁寧な添削により、まったく塾に通わず難関大学を突破する生徒も少なくありません。

「行きやすいところに塾がなかったので、私は塾に通いませんでした。それでも毎日、学校の授業を受けて定期考査の対策をしているうちに、自然と基礎が築けたと思います」「塾は人によります。僕の場合は(部活や行事を優先してしまったというのもありますが)、自分で自分のレベルを分析したいと思ったので、通いませんでした」

これらは二〇一六年、東大・京大に現役で合格した生徒の合格体験談の一部です。

図表9は、日比谷生の通塾率を学年別に示したものです。3年生は全体で75%になりますが、週3日以上は32%と比較的低いのが特徴です。

いっぽう、私立の一貫校や国立大附属校のデータがないのですが、大手予備校・塾

図表9　日比谷生の通塾率

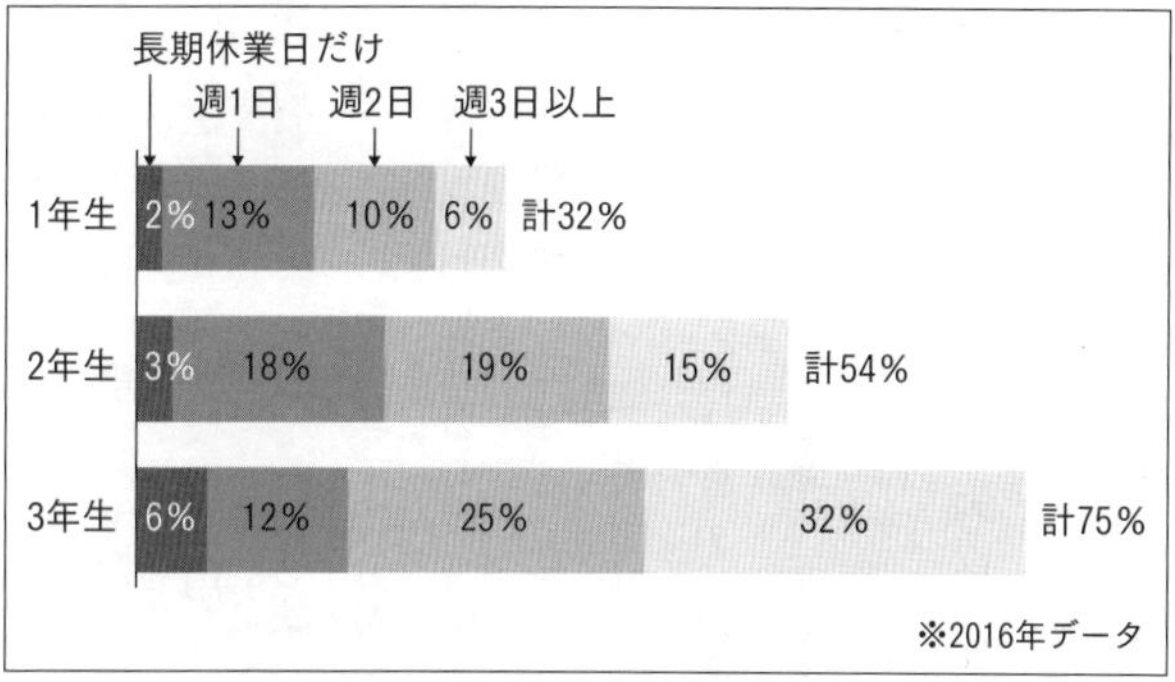

の関係者によれば、「90％以上の生徒が塾に通っている」そうです。そして、「進学実績の高い高校ほど通塾率が高い」とも言われています。

いずれにしても、日比谷は「学校で面倒を見ていく講習・補習」を用意しているので、通塾率が相対的に低くなるのでしょう。

日比谷の教材は多い⁉

近年、東大の合格者数が伸びるにつれて、「日比谷の教科書や副教材を教えてほしい」と、中学生の保護者から質問を受けることが多くなりました。現在、都立高では各校が教科書を選定し、それを教育委員会が採択する形式になっており、教科書は学校ごとにバラバラです。このため、気になるのかもしれません。

とはいえ、日比谷の使用教科書は数学なら数研出版、日本史は山川出版社というように、主な都立進学校が採用しているオーソドックスなものです（補助教材を含め、巻末に資料①・②として掲載しました）。

ただ、これらを1コマ45分の授業でこなし、高校3年の秋までに英語、数学、国語の教科書を終わらせるわけですから、かなりスピーディーです。ゆえに、生徒たちには予習を求めています。

ちなみに、二〇一六年の日本経済新聞のコラムに、日比谷と某国立大附属校が取り上げられたことがあります（執筆は塾の講師で、校名はイニシャルになっていました）。両校に進学した塾の卒業生が新入生となり、それぞれの学校で副教材と参考書を買った日のこと。日比谷生はキャリーバッグいっぱいになったのに、某国立大附属校の生徒はわずかであった。「両校の生徒の育て方は対極にある……3年後にどのような結果を出してくれるのか、今からとても楽しみである」と結ばれていました。

国立大附属校は、そもそも学校教育の進歩・発展を目的とした教育理論・技術の

「実験校」であり、基本的に手厚い進学指導とはなっていないようです。個々の生徒に任せているため、副教材なども少なめなのでしょう。

対して、日比谷は積極的に進学指導をするため、参考書や副教材が多くなっても当然です。これは生徒の育て方が違う、としか言いようがありません。

日比谷生の勉強時間

まず、145ページの図表10をご覧ください。これは、日比谷生の学年別自宅学習時間です。

学校が設定している目標時間は前章で紹介したように、平日は学年プラス2時間、休日は学年プラス4時間ですから、3年生は平日5時間、休日は7時間が目標です。入試を控えた3年生の平日は、さすがに3〜4時間と4時間以上の合算で75％になりますが、問題は1年生です。4時間以上は1％、3時間以上でも7％です。

3年生になれば劇的に変わるとは思いますが、逆に言えば、これは現時点での弱みです。伸《の》び代《しろ》があるとも言えますが、まだまだ甘い。1年生からきちんと学習を積み重ねていけば、もっと希望（志望校合格）を叶えられると思います。

また、3年生で1時間未満6％は論外です。4時間以上勉強する生徒が志望校に受かっても、1時間未満はやはり難しい。1対1の対応で集計していないので何とも言えませんが、さすがに1時間未満の生徒が志望を叶えられるとは思えません。

ただし、この自宅学習時間には、学校の自習室での学習時間は含まれますが、塾・予備校の学習時間は含まれません。1％未満の生徒でも塾・予備校でがっちり学習しているのかもしれません。

受験は個人戦ではなく、団体戦

受験勉強は孤独なもの、と昔は言われたものです。もちろん、今も勉強するのは受験生本人であり、時として、大きなストレスに襲われることがあるかもしれません。

しかし、卒業生たちの合格体験談を読むと、「受験は個人戦ではなく、団体戦」というフレーズが複数出てきます。学校も教員もきめ細かく面倒を見てくれた、友人との切磋琢磨《せっさたくま》により鍛えられた、というエピソードが実に多い。

図表10 日比谷生の自宅学習時間

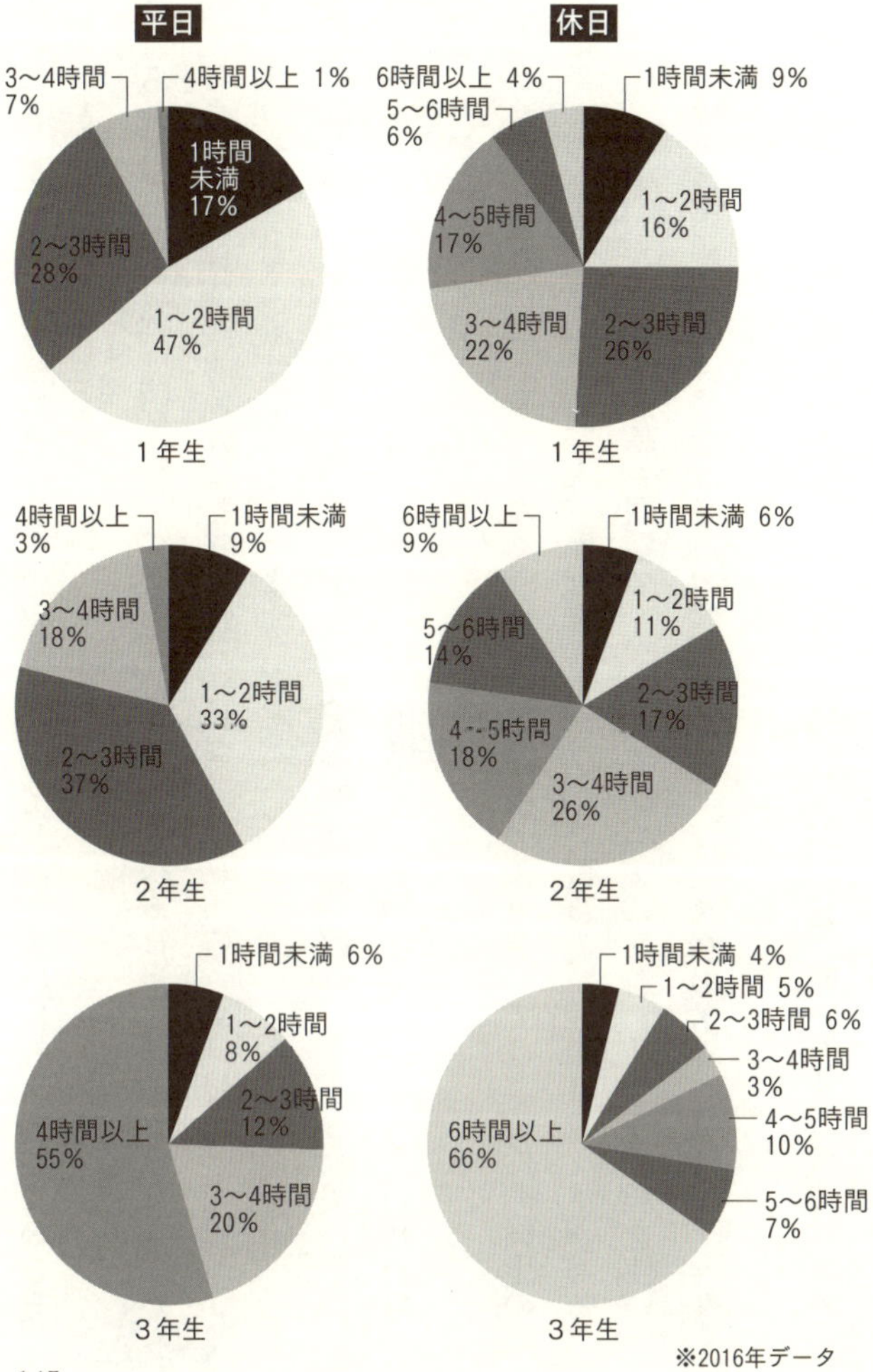

※2016年データ

確かに、3年生が放課後などに教室の黒板を使って、おたがいに教え合っている光景をよく見かけます。

私たち教員も、「受験は団体戦」と思っています。授業も行事も部活もみんなでがんばってきた。進路実現もみんなでがんばっていく。そのような集団であってほしいというメッセージを、生徒に伝えています。

受験には自分の努力で伸びていく部分と、友人や保護者、教員に支えられている部分があります。それらの力が合致した時、総合力でガッと伸びていくことを、私たち日比谷の教員は数多く見てきました。

したがって、受験は個人戦ではなく団体戦、足の引っ張り合いではなく仲間同士の高め合いなのです。そして、友人、保護者、教員――これらの堅固なサポートがあるのが日比谷です。これは、西高も同様です。西高では「文武二道」という表現を使いますが、文武両方を極《きわ》めようとするのは日比谷と同じで、やはり教室に残って3年生が教え合っていました。

このような文化は、校長や教員が「こうしろ」と言って醸成《じょうせい》されるものではありません。やはり、一つの学校カルチャーだと思いますが、都立高独特なのかどうかはわかりません。もし、開成や灘など私立名門校もそうであるなら、「トップ校カルチャー」と言えるのかもしれません。

受験直前の生徒を伸ばす、ある情報

今の入試は、「情報戦」とも言われます。確かに、情報は重要ですが、日比谷では「このラインをクリアすれば志望校は大丈夫」というような指導はしていません。すべての生徒に渡す唯一のデータは、センター試験の終了後、受験業者さんが分析するデータリサーチです（自己採点の結果をもとに全国でどの位置にいるかがわかります）。

それとともに、業者さんからセンター試験の結果はどうか、どのような傾向があるか、という情報をすべて生徒に与えます。それにもとづいて、ぶれない生徒はそのまま志望校に2次試験の出願をします。

しかし、ぶれる生徒もいます。一例としては、首都圏の国公立大医学部に行きたいが、センター試験の結果は厳しい。その時、地方を視野に入れられるかどうかです。

そして、個別の面談を行ない、地方を視野に入れられるのであれば、生徒と相性の良い問題を出す医学部医学科を選び、ここに出願したらどうだろうなどとアドバイスをします。

生徒にとっての情報は、これが一番大きいのではないかと思います。たとえば、入学時の学力検査の成績はA、B、C、Dのどの層だったのか、あるいは推薦選抜だったのか。模試を1・2年生は年3回、3年生は4回受けてもらっていますが、その結果は蓄積されており、過去にどの位置にいた生徒が難関大学に受かっているか、などはデータとしてあるわけです。それに対して、生徒本人がそのモデルより上であろうが下であろうが、励ましの材料として、このデータを使っています。

これも、情報戦と言えば情報戦です。ただ、それは根拠のある励まし方をしたいがためです。

なお、受験業者さんがセンター試験の結果や傾向を生徒に教えてくれる、と述べました。これはセンター試験終了後、全国の分布状況や志望状況など、都立高の進路指導の教員に話す内容を日比谷の3年生に話してくれる、ということです。他の都立高には行っていません。日比谷だから、十何年も来てくれているのです。

第2章で述べたように、日比谷では生徒個々に対応するため、生徒情報のデータベース化を進めており、これをより充実させ、さらにデータを蓄積すれば、より精度が高まります。志望校別の合格者・不合格者のデータを整理できれば、在校生の強力な武器になると思っています。

日比谷生の3年間

ここからは、日比谷生たちがどのような3年間を過ごすのかを見ていきます。

・1年生

1年生の目標は、名実《めいじつ》ともに日比谷生になることです。それは「高校の学習への適応」はもちろん、授業と学校行事と部活の三つをうまく回していくこと。さらに、すこし早いと思うかもしれませんが、「自分は高校卒業後、どのような進路をたどり、どのような職業に就《つ》くか」を意識し始めることです。

なぜなら、本格的な受験勉強がスタートする3年生になるまで、入学時点で2年間を切っています。日比谷は、受験に密着する3年の必修選択科目や自由選択科目を2年生の秋に選択するため、将来の自分のイメージを可能な範囲でいいので、想像しておくことも大切なのです。

では、授業をきちんとこなすためにはどうしたらいいのか。それは、予習を課されたら必ず行なう。課題を求められたら提出する、といった当たり前のことを当たり前にこなすこと。さらに、英語は小テストが積み重なりますが、年間のスケジュールは予《あらかじ》め公開されており、それをもとに「単語はここで行なう」「文法はここで」と、学習を自主的・主体的な学びへと転換させていかなければなりません。これが、日比谷生の第一歩です。

とはいえ、日比谷の学習や生活に適応できない生徒もいます。適応できる生徒は、行事や部活を終えたら頭をパッと切り替え、空いた時間を学びに使います。しかし、ズルズル引きずる生徒やいつまでも余韻《よいん》に浸《ひた》っている生徒、つまり適応できない生徒は、とにかく「切り替え」を意識すること。

前章で紹介した「1年生の時に部活で疲れ……あと1カ月あれば仕上がった」は、志望を叶えられなかった生徒の言葉ですが、以来、私は「1日のなかの文武両道」を機会あるごとに言い続けています。

このことを1年生のうちに理解・実践して、365日積み重ねれば、卒業時に後悔することは絶対にありません。

授業、行事、部活をどうしてもこなしていけず、部活をやめたい、と苦しみ悩んでいる生徒もいます。しかし、授業についていけない→どんどん成績が低下→勉強への意識が薄れる→進級できないという生徒は、校長就任以来見ていません。

それは、教員たちのプライドが許さないからです。せっかく日比谷に入学してくれたのに、成績のために卒業させられないのでは、教員の指導力が問われます。また、成績下位層を放置すると、日比谷の優れた集団が育たなくなってしまいます。第2章で述べた「ふたこぶラクダの下のこぶを潰す」のは、こういうことでもあるのです。

いずれにしても、日比谷に入学したからには同級生、先輩、教員や、「SSH」「東京グローバル10」「大学との交流」など学校が用意するさまざまな機会から、大いに刺激を受け、自分の将来を見すえた1年にしてほしいと思います。

・2年生

2年生は、日比谷の中心メンバーです。三大行事の委員長は主に2年生ですし、部活の部長・副部長も2年生です。ですから、2年生は学校を動かす立場になるのです。入学後1年が経てば、忙しい生活の経験と慣れもあるため、行事や部活の中心メンバーとして期待されます。

1年生から多少余裕ができたのであれば、学習の深化・拡大、自己開発に意識を注いでほしいと思います。言い換えれば、自分の個性を磨き、大人へ成長するための時期ですので、たくさんの書物を読み、人間力の形成を心がけてほしいのです。

いっぽう、学習は英語、数学、国語の基幹3科目は、2年生の終わりまでに一定のレベルまで仕上げなければなりません。センター試験で言えば、志望校に受かるために必要な点数を取れるのが望ましい。

たとえば、2年生のセンター同日模試は二百数十人の生徒が受けます。国公立大医学部を志望する生徒であれば90%、東大なら85%は取る必要がありますが、1年生、2年生でどれくらい取れるか、目標を設定して見ていくのです。

さらに、2年生の後半から、基幹3科目を十分に固めている生徒や、余力のある生徒を対象に、地理歴史、公民、理科の対策をスタートさせます。ただ、基幹3科目ができない生徒に、それを要求しても無理です。あくまで余力があり、うまく授業をこなせている生徒に対し、プラスアルファの取り組みを投げかけています。

2年生の秋以降は、進路実現に向けた歩みが始まります。具体的に志望校を決め、受験科目を踏まえた3年の選択科目を十一月初旬に届け出ます。そして、冬の学年集会などで「もう3年のゼロ学期が始まりました」と教員が言うと、自分なりの歩みを始めていく生徒が徐々に増えていきます。

なお、2年生の三月に、進路探求の一環として「星陵セミナー」を実施しています。これは、同窓会「如蘭会《じょらんかい》」の協力を得て、法律、経営、経済、国際政治、電子工学、医学、薬学など各分野の専門家（すべてOB・OG）を招く講演会です。生徒たちはその内容に刺激を受けるようで、進路決定に大きな影響を与えています。

・3年生

先ほど、日比谷の3年生は九月の星陵祭後に、目の色を変えて受験勉強に励むと言及しましたが、それは「この時期に全力でダッシュしないと、望みを叶えることはできない」という意味です。

では、日比谷生はいつから受験勉強に取り組むのでしょうか。私の観察では、2年生の秋から3年生になる直前にスタートする生徒が多いようです。

前述の通り、3年生の進路志望は実質的に、2年生の十一月に決定しています。最終的に希望を叶える生徒は、この時期から、志望校の過去問題集を見始めています。過去問題を見ることにより、今後の学習を見通すわけです。

そのため、教員は「3年になってからでもいいから、自分の志望校の赤本・青本を見てください。まだ解けないかもしれないが、到達しなければならないレベルがわかるはずです」と言っています。

もちろん、この時期に志望校の過去問題をスラスラ解けるわけではありません。求められるレベルと現時点での自分のレベルの差を知る意味でも、過去問題は重要ですが、出題傾向が変わることがあるので注意が必要です。

３年生の夏休みの「夏期講習」もポイントです。３年生の夏休みの目標学習時間は４００時間。１日10時間の学習が必要とされるので、実行できる生徒は限られるでしょう。しかし、「４００時間は達成しました。ただ、なかなか成績が上がらず焦《あせ》りましたが、秋から冬にかけて成績が安定しました」と言ったＯＧもいます。

この生徒は残念ながら、第一志望の国立大学に合格できませんでしたが、自分の納得できる難関私立大に合格しました。やはり、自分の希望に向かってなりふりかまわず突き進むことが、結果的に自分を納得させる結果につながると思います。

そして、いよいよ受験態勢に切り替えるのが、何度も述べるようですが、九月の星陵祭後。これは日比谷生として最後の行事が終わる時ですから、本当に目の色を変え、学習に集中し、受験に取り組んでいきます。逆に言えば、そこまでは、勉強と両立させる時期とも言えます。

いっぽう、３年生の最後の模試は十一月に実施されますが、その結果が悪くてもあまり気にしないこと。東大、一橋大に入った生徒のなかで、最後の模試の合否判定が

D・E判定という生徒もいます。普通は落ち込んだり、嘆いたりするのでしょうが、彼らは落ち込むことなく、進路担当の教員に「日比谷生は十一月から伸びる」「模試が終わってから伸びる」「直前まで伸びる」と励まされ、希望を叶えたのです。

この教員は常々、「D判定は『大丈夫』、E判定は『いい判定』」と言っています。私は「君たちの先輩はこの判定でも、志望を変更することなく、最後まであきらめずに入試を駆け抜け、合格を果たした。だから、今の模試の結果で、自分で大丈夫・だめという判断をするのはいかがなものか。日比谷生は最後の最後まで伸びていく。とにかく、試験前日までやり通しなさい」と言っています。

これは単なる励ましではなく、過去のデータからも裏づけられていることです。

国立大にこだわる理由

日比谷生の75％は東大、京大、一橋大、東工大と国公立大医学部を志望しています。そのすべてが望みを叶えられるわけではありませんが、日比谷生の多くが難関と言われる国公立大を志望しているのは事実です。

では、なぜ国立にこだわるのか。第一に考えられることは、高校入試に際し、難関私立大附属校を併願・合格したにもかかわらず、日比谷に入学してきた生徒が圧倒的に多く、「大学で改めてそれらを受験するつもりはない」こともあるでしょう。

さらに、夏休みのオープンカレッジなどに行き「自分が学びたいことが学べるのは、国立のこの大学しかない」「心から愛する大学を見つけた」「ここにしか進学したくない。そう思える大学が国立の○○大だった」とOB・OGからの声が寄せられているように、難関大学への合格・進学が目的ではなく、その大学に入学後、何を勉強するか、研究するか、目的を鮮明に捉えているからだと思います。

このため、講習なども国公立大中心のプログラムになりやすく、早稲田大、慶應義塾大、上智大などの難関私立大を目指す生徒からは、「何でも東大、東大と言わないでほしい」という声も聞こえてきます。

もちろん、日比谷が国立大だけの進学を推奨しているわけではありません。また、私立大への進学希望者に対しても、教員たちは全員の希望を叶えられるように全力でサポートしています。あくまで、生徒の希望を叶えること――これが私たち教員の役目です。

ただ、私は「国立大にしても私立大にしても、大学進学は目的ではなく手段」と思っています。大学に入ることだけを目的にすれば、大学の学問と向き合わない生徒を育ててしまうことにもなりかねません。その意味で、「大学で何を学ぶか」という目的意識を持って巣立っていく日比谷生を、私は頼もしく思います。

日比谷は、将来のグローバルリーダーを育てようとしているのですから、大学進学はあくまでも、その過程にすぎません。この姿勢を日比谷に限らず、どの高校も持ってほしいと思います。

日比谷は教養主義を敷き、生徒たちは文系や理系のさまざまな科目を勉強しています。その幅の広い教養の土台を携えて大学へ行き、さらに高い専門性を積み重ねてほしい。そのような人物が社会に出た時、新しい知的生産物や先駆的な価値を創造できるのだと思います。

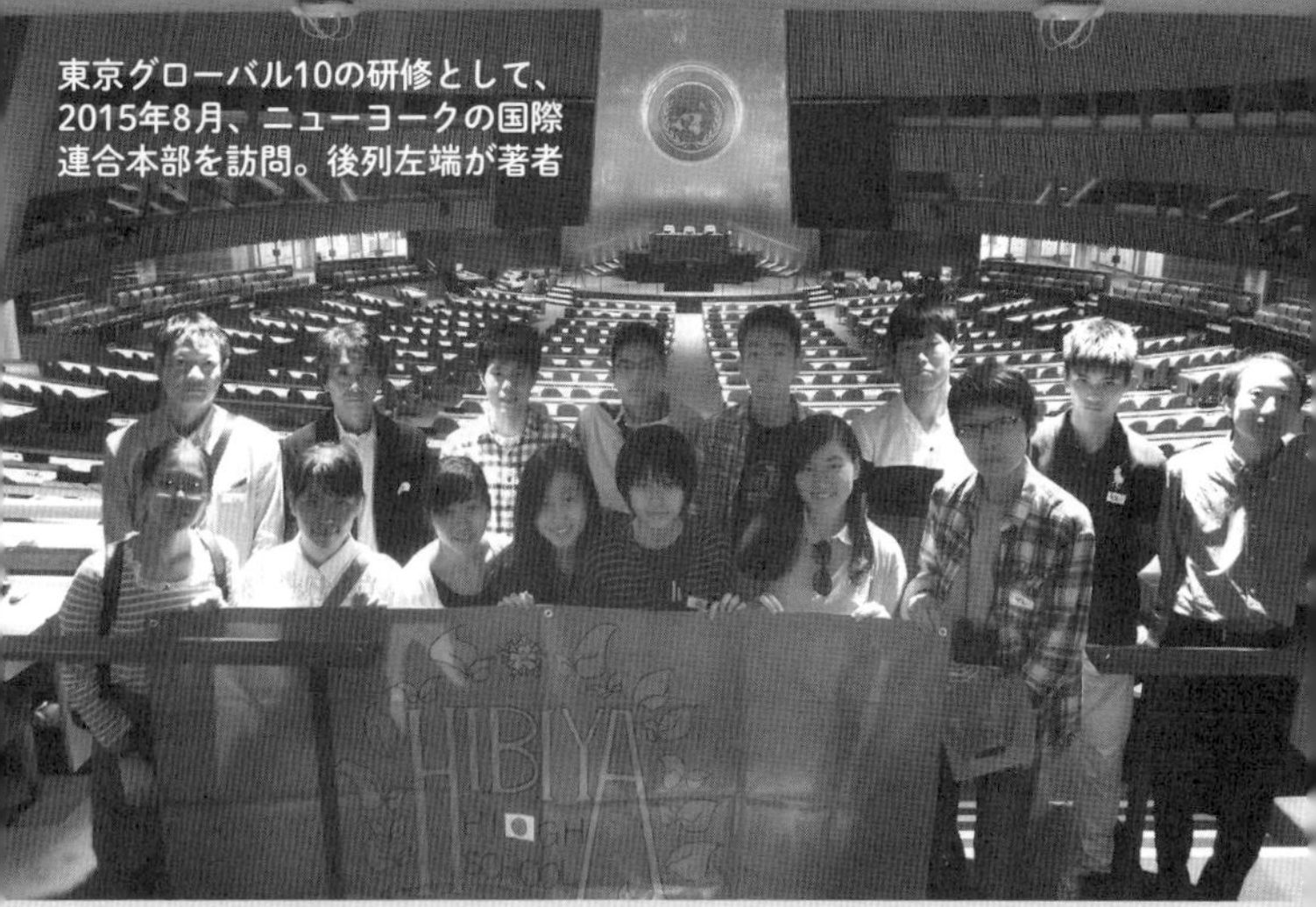

東京グローバル10の研修として、2015年8月、ニューヨークの国際連合本部を訪問。後列左端が著者

終章

新大学入試と求められる人物像

同年の同研修で、ニューヨークのアスペン研究所にて食料問題のプレゼンを行なう日比谷生

新大学入試は日比谷に有利！

センター試験は二〇二〇年一月で廃止され、二〇二一年から、新たに「大学入学共通テスト（以下、新テスト）」が実施されます。その特徴は、マークシート方式（センター試験）に加え、記述式問題が課されること。

その対象は、現在の中学3年生（二〇一七年十月時点）以降ですが、もし高校1年生（同）が浪人して翌年再チャレンジする場合は、新テストを受けなければなりません。これを反映してか、二〇一七年の高校入試において、大学進学時に入試のない大学附属高校が着目され、特に有名私立大系列校の倍率が高くなった、と言われています。

しかし私は、附属校の人気は新テストの影響だけではないと思います。附属校のなかには、生徒が在学中に一定の成績を収めていれば、系列大学への内部進学の資格を保持しながら、他大学を受験できるところもあります。つまり、大学の選択肢が広いのです。

では、日比谷が新テストや附属高校人気の影響を受けたかと言えば、ほぼ受けていません。日比谷の受験者は、当校が新テストに対応できないとは思っていないでしょう。実際、高校入試で難関私立大附属校に合格し、それを蹴ってきた生徒が、日比谷には多いのです。

校長として断言しますが、日比谷は新テストに対応できますし、進学実績も落とさない確固たる自信があります。

なぜなら、生徒の70〜80%は、東大や東工大など個別学力試験（2次試験）で「記述」を課せられる大学を志望しており、現在でも1年の時から記述問題に対応しているからです。特に英語では、第2章で述べたように、二〇一四年から授業で四技能重視型を採用しており、まったく心配していません。というより、新テストは日比谷生に有利になるのではないでしょうか。

日比谷の授業は、教員から生徒への一方通行だけではなく、生徒が考える対話型を大切にしています。また、次の教育課程をにらめば「探究」がキーワードになることは明確です。SSH課題研究を全生徒に課し「理数探究」を開発すると第3章で述べましたが、これは理系でも文系でも論理的思考力を身につけてもらいたいからです。

将来的にリーダーとして活躍するためには、0から1をつくる能力を持っていなければなりません。そのためには「知力」が大切であり、高校在学中は徹底的に科目を勉強し、大学で専門性を高めて社会に出てもらう図式が必要です。また、リーダーはチームを組んで仕事をしていくなかで、各メンバーの良さを引き出し、つなぎ、いわゆる「知」を創造しながら成果を上げていかねばなりません。

そのような力を持つ人材を育てようとして、文科省も大学入試を変えようとしているのではないでしょうか。クリエイティブな思考力がなければ、新たな知や価値の創造は難しい。そこを重視しているのだと思います。

日比谷生の弱点

とはいえ、新テストに向けて、日比谷は生徒を放置しているわけではありません。二〇一六年、受験業者さんが新テストのために開発した模試「グローバルリテラシー&スキルテスト」を、1年生全員に受験させました。

これは、新テストに必要な創造的思考力、協働的思考力、批判的思考力を測定し、分析するもので、全国の公立進学校8校とともに共同研究をしています。その結果、日比谷生は創造的思考力と協働的思考力は相対的に高く、批判的思考力が低いことがわかりました。

批判的思考力とは、単純に批判的に物事を見るのではなく、既存の常識や当たり前と思われている物事に対して一度疑念を持ち、既知のことと未知のことを分別して、研究課題を見つけて探究していく力のことです。

日比谷生は今、授業などから受けた知識を素直にインプットしています。しかし、大学に進んだら、「これは本当にそうなのか」と疑義を持ってほしい。そのために、授業だけではなく、学校行事、部活、SSH、グローバル10などの探究プロセスのなかから批判的な思考力を培ってほしいと思います。

自主性を養《やしな》うには

「今どきの高校生は、素直でおとなしすぎるのではないか」

講演会や雑誌などの取材で、このような質問を受けることが多くなりました。確かに、今の日比谷には「まじめ、素直、依存的」と感じられる生徒が多くなりました。昔のようなタフさや、粗暴ではいけないがバンカラ的なものを求めるべきなのかもしれません。

しかし、時代背景がまったく違いますから、もはや回帰することはないでしょう。親から大事に育てられ、叱られることも少なければ、子どもたちはこのようになるものです。とはいえ、精神的に幼いわけではありません。すこし火をつけてあげれば、自分でぐんぐん伸びていきます。

第3章で、いっさい塾に行かず、SSHの活動を通じて自分の学びたい分野を見出し、学習へのモチベーションを高めた生徒のエピソードを述べました。これは生徒を大人扱いしているからこそ、生徒自身が自分でできることをどんどん進めていった好例です。教員や保護者は生徒をサポートする環境を整え、背中を押すことが必要なのです。

生徒にしてみれば、教員・保護者からかけてもらった何気ない一言や励ましがとてもうれしいのです。声をかけた時は反応がないかもしれません。しかし、心のなかではありがたいと思っているものです。

サポートしながらも、「自主性を持った生徒」を育てなければならないのです。私たち教員は、生徒たちに入学後から寄り添い、必要な働きかけをしていきますが、生徒たちは2年生から3年生になる頃には能動的に自分の力で駆け出し、私たち大人を追い抜き、卒業していく——このようなイメージを、私は日比谷生に持っています。

では、生徒の自主性はどのように培われるのでしょうか。

私は何かを体験させたり、本物に触れさせたりすることが大切だと思います。たとえば、一流の音楽家のコンサートを聴きに行く、自然科学の大家《たいか》の講演に参加する、など。実際に、断層地形などを見に行くのもいいでしょう。

たとえ生徒が音楽や自然科学に興味がなくても、本物に触れれば何らかの刺激を受けます。そして、その刺激に触発されて、今まで興味のなかったことにも関心を持ち、自主的に探究していくことがあります。やはり、本物はどのようなものでも心に響くと思うのです。

私は、日比谷生は比較的自主性があるほうだと感じています。それは、家庭のなかで培われたものでしょう。進学校・名門校に入ることができても、自主性がなければ伸びることは難しい。その意味で、日比谷生の家庭は総じてしっかりしているな、と感じています。

大学入学後に伸びるタイプ

日比谷生の多くは難関国立大学を目指していますが、合格をゴールと考える生徒はほとんどいません。彼らは日比谷在学中、自主的に専攻分野を定め、目標に向かって突っ走ります。そして、そのような生徒はやはり、大学入学後も伸びます。

ただ、すべての生徒が希望を叶えられるわけではありません。なかには、第二志望・第三志望に進む生徒もいますが、「学部では希望を叶えられなかったが、大学院では落ちた第一志望を目指す。学問の世界でがんばるぞ」と言う生徒もいます。

また、次のような生徒もいます。もともとは文系志望でしたが、SSHの海外派遣研修に参加後、理系に転じました。そのせいもあって、受験では第一志望の東大に落ち、早稲田大に進みました。その後、東大大学院に入学、ハワイのすばる望遠鏡を使用して研究をする権利を勝ち取りました。彼は現在、東大宇宙線研究所で、二〇一五年のノーベル物理学賞を受賞された梶田隆章《かじたたかあき》博士の研究室で研究活動を行なっています。

さらに、大学受験は失敗したけれど、アメリカの小型人工衛星を打ち上げる学生大会で優勝したＯＢもいます。

彼らは日比谷在学時、総じて部活や学校行事にきちんと取り組んだうえで、ＳＳＨの海外派遣研修に挑戦する、英文で書かれた原著にあたる、といったことをしていました。このような自主的な姿勢を持つ生徒は大学へ進学しても、学びを継続し、伸びていくのです。

海外の大学を目指す生徒への対応

近年、日比谷では海外の大学を視野に入れる生徒が増加、そのためのプログラムを設けています。

たとえば、「ハーバード・クラブ・オブ・ジャパン」というハーバード大の卒業生がつくる在日同人会があるのですが、二〇一六年三月、その会員十数人が日比谷に来校。ハーバードとはどのような大学か、アメリカの大学の入試方法と合格基準などについてオリエンテーションをしていただきました。その後のフリーセッションでの活発な会話からも、改めて海外留学の意識を持った生徒が増えていることを実感しました。

ただ、誤解していただきたくないのですが、私は進学実績を上げるために、生徒を海外の大学に入れようとしているわけではありません。あくまでも、生徒の希望を叶えることが第一義です。

先日も、教員が「東大に行ける子がハーバードに留学したいと言ってきましたが、どのように回答すればいいですか」と質問に来たのですが、「生徒が行きたいのはどっち？」と問うと、「ハーバードです」と言うので、「それならハーバードでしょう」と答えました。

二〇一六年夏、私は生徒たちと一緒にハーバード・ケネディスクールを見学してきました。そこには、世界各国から1000人もの留学生が集まっていましたが、圧倒的に多いのは中国、韓国、インドからで、日本からはわずか10人、1％でした。

学生たちはグループで議論をして大きな問題をクリアし、広い視野を身につけて各国に戻り、将来的には世界中の人脈を生かしながら、政治、経済など各分野で活躍します。しかし、日本人は1％ですから、世界のなかでどのように立ち回っていくのだろうか、と危機感に襲われました。

実は、以前の私は、海外留学は大学院からで十分と思っていました。しかし、もはや、そのようなことは言っていられません。語学力があり、海外での生活能力があれば、学部から挑戦する生徒がいてもいいのではないか、そのためには全力でサポートしなければならない、と考えるようになりました。

日比谷は二〇一六年から二〇一七年にかけて、ニュージーランドと韓国の高校と姉妹校協定を結びましたが、若いうちから異文化に触れてほしい、直接交流を通して世界のなかの日本や自分を考えてほしい、と思ったからです。

さらに二〇一七年夏、浦和、浦和一女（浦和第一女子）、千葉、船橋、湘南、西、日比谷の首都圏の公立7校の校長が連携、スタンフォード大のサマーセッションに26人の生徒を送り込みました。

20年後の日本

今から20年後、二〇三七年の日本はどうなっているでしょうか。

その予想は大変難しいのですが、人工知能（ＡＩ）が一段と進化、それが社会のあらゆる分野に浸透していることはまちがいありません。また、現在ある職業の相当数がなくなる、とも言われています。

では、どうするか。私は、生徒たちには「その時、最終的に問われるのは、新たな知や価値を創造する力です。その力の基礎を、みなさんは日比谷の3年間で培っているのです」と話しています。

おそらく、20年後はさらなるグローバル化が進み、国籍や民族、宗教などバックボーンが異なる人たちがそれぞれの強みを生かしながら、協働・連携、競争する社会になっているでしょう。

そうしたなかで、チームを引っ張るリーダーとして、新たな価値をつくりあげる日比谷OB・OGを、私は想像しています。彼らは日比谷の3年間、授業や部活、学校行事などで培った感性と人間性、さらに知を追求するあくなき姿勢が、今の自分の基礎になっていると振り返ることでしょう。

140年間、変わらないこと

日比谷は二〇一八年、創立140周年を迎えます。明治以来、連綿と続く歴史のなかで、旧制中学、新制高等学校と制度的な形態は変わっても、底流には「文武両道を通して人を育てる」思想が流れています。つまり、知育偏重でも体育偏重でもなく、両方を追求し、知性や人間性を育むことです。これは、今後も堅持していかなければなりません。

日比谷は第1章で言及したように、偉大な先輩たちを輩出し、現在も各界で活躍するOB・OGが多いのですが、彼らが過ごした日比谷も、現在の日比谷も基底の部分は変わっていないと思います。

よく、「名門校とは何ですか」と聞かれることがあります。名門校とはただ長い歴史や難関大学への合格者数だけではなく、社会の発展に貢献したり、世の中を動かしたりする有能な人材を数多く輩出してきた学校を指すと思います。つまり、人を育てる力を持った学校が、「名門」と言われるのではないでしょうか。

日比谷はここまで言及してきたように、グローバルリーダーの育成を目指すなかで学習内容や課外活動への取り組みはすこしずつ変化しています。しかし、何度も言うようですが、文武両道による人間の育成という思想は変わりません。

目指すのはエリートではなく――

ここまで、日比谷生にはグローバルリーダーになってほしいと言ってきましたが、私自身はリーダーシップのある人間だとは思っていません。日比谷の校長を務める今も、教員たちを引っ張っているとは思っていません。「ビジョンを持って、このような方向で生徒を育てたい。ですから、みなさんの力を貸してほしい」と言っているだけです。

リーダーの務めは人を引っ張っていくことだけではない、と私は思っています。また、人の喜びや痛み、悲しみなどをいっさい無視して、一つの成果を上げるために、冷徹にグループを引っ張ることがリーダーシップだとは、まったく思いません。

いっぽう、エリートという言葉も、私は好きではありません。もちろん、将来的にリーダーになる人は、他の人が持ち得ない資質と能力を備えているでしょう。日比谷生に与えられた能力や自ら培った能力は、相対的に優れていると思いますし、その能力を持った者にしか果たせないミッションがあるはずです。そのような矜持《きょうじ》やプライドは大事にしてほしいのですが、自分は優れているという、うぬぼれた意識、つまりエリート意識は捨ててほしい。

私が日比谷生に求めたいのは、責任感の強いリーダーになることです。責任感とは覚悟です。私自身に置き換えれば、日比谷生のために仕事をしています。具体的には、生徒のために何をすべきかを最優先に考えて、授業をこのようにしよう、海外交流はこうしよう、ＳＳＨはこの方向でいきましょう、と進めているだけですが、それに対する責任はすべて負う覚悟を持っています。

さらに、「共感能力」を持ったリーダーになってほしいとも思います。何のためにこの3年間を熱く過ごしたのか、を卒業後も自問自答してほしい。日比谷生時代、いろいろな価値観を持つ同級生、上・下級生が一つの目標に向かって知恵を出し合い、協力し、泣いたり、笑ったりしたなかで物事を成し遂げた体験があるはずです。その体験を、将来に生かしてほしいのです。

そして、ビジョンを持って、人の良さを引き出し、それらをつなぎ、最終的には社会や人類のために貢献できるような成果を上げてほしい。日比谷生なら、できる。私はそう確信しています。

資料① 使用教科書

※2017年

1年生

教科	科目	教科書名	発行所
国語	国語総合	精選国語総合 現代文編	筑摩書房
		精選国語総合 古典編	筑摩書房
地理歴史	日本史B	詳説日本史	山川出版社
	地理B	新編 詳解地理B	二宮書店
		新詳高等地図	帝国書院
数学	数学Ⅰ	数学Ⅰ	数研出版
	数学Ⅱ	数学Ⅱ	数研出版
	数学A	数学A	数研出版
理科	生物基礎	高等学校 生物基礎	第一学習社
	地学基礎	地学基礎	啓林館
保健体育	体育 保健	現代高等保健体育	大修館書店
外国語	コミュニケーション英語Ⅰ	Genius English Communication Ⅰ	大修館書店
	英語表現Ⅰ	POLESTAR English Expression Ⅰ	数研出版
情報	情報の科学	最新情報の科学	実教出版
選択 芸術	音楽Ⅰ	MOUSA 1	教育芸術社
	美術Ⅰ	美術1	光村図書出版
	書道Ⅰ	書Ⅰ	教育図書

2年生

国語	現代文B	精選現代文B	筑摩書房

教科	科目	教科書名	発行所
国語	古典B	古典B 古文編・漢文編	筑摩書房
地理歴史	世界史B	詳説世界史	山川出版社
公民	倫理	高校倫理	実教出版
数学	数学Ⅱ	数学Ⅱ	数研出版
	数学B	数学B	数研出版
理科	物理基礎	高等学校 物理基礎	第一学習社
	化学基礎	化学基礎	東京書籍
保健体育	体育 保健	現代高等保健体育	大修館書店
外国語	コミュニケーション英語Ⅱ	Genius English Communication Ⅱ	大修館書店
	英語表現Ⅱ	Vision Quest English Expression Ⅱ	啓林館
家庭	家庭基礎	家庭基礎 パートナーシップでつくる未来	実教出版

選択

芸術	音楽Ⅱ	高校生の音楽2	教育芸術社
	美術Ⅱ	美術2	光村図書出版
	書道Ⅱ	書Ⅱ	教育図書
外国語	英語表現Ⅰ	Vision Quest English Expression Ⅰ Advanced	啓林館

3年生

国語	現代文B	精選現代文B	筑摩書房
公民	政治・経済	高校政治・経済	実教出版
保健体育	体育	現代高等保健体育	大修館書店
外国語	コミュニケーション英語Ⅲ	PRO-VISION English Communication Ⅲ	桐原書店
選択	英語表現Ⅱ	Vision Quest English Expression Ⅱ	啓林館

資料① 使用教科書

国語	古典B	高等学校 古典B 古文編・漢文編	第一学習社
地理歴史	世界史B	世界史B	実教出版
	日本史B	詳説日本史	山川出版社
	地理B	新編 詳解地理B	二宮書店
	地理B	新詳高等地図	帝国書院
公民	倫理	高校倫理	実教出版
数学	数学Ⅰ	数学Ⅰ	数研出版
	数学Ⅱ	数学Ⅱ	数研出版
	数学Ⅲ	数学Ⅲ	数研出版
	数学B	数学B	数研出版
理科	物理基礎	高等学校 物理基礎	第一学習社
	物理	物理	啓林館
	化学基礎	化学基礎	東京書籍
	化学	化学	東京書籍
	生物基礎	高等学校 生物基礎	第一学習社
	生物	生物	東京書籍
	地学基礎	高等学校 地学基礎	第一学習社
芸術	音楽Ⅲ	Joy of Music	教育芸術社
	美術Ⅲ	高校美術3	日本文教出版
外国語	コミュニケーション英語Ⅱ	PRO-VISION English Communication Ⅱ	桐原書店
	英語表現Ⅰ	Vision Quest English Expression Ⅰ Standard	啓林館

資料② 補助教材

1年生

※2017年

教科	科目	補助教材名	発行所
国語	国語総合	豊かな語彙力をはぐくむ 新しい常用漢字	数研出版
		ちくま評論入門	筑摩書房
		常用国語便覧	浜島書店
		完全マスター古典文法	第一学習社
		ニューエイジ 古文基礎1	第一学習社
		力をつける古典 ステップ1	数研出版
		力をつける古典 ステップ2	数研出版
		見て覚える読んで解ける古文単語330	文英堂
		必携 新明説漢文	尚文出版
		必携 新明説漢文シリーズ 基本練習ノート	尚文出版
地理歴史	日本史B	新詳日本史	浜島書店
		詳録新日本史史料集成	第一学習社
	地理B	新編 地理資料	東京法令出版
		サクシード地理 センター試験までの基礎固め	啓隆社
数学	数学Ⅰ 数学A	サクシード 数学Ⅰ＋A	数研出版
		LEVEL UP 数学Ⅰ＋A	数研出版
	数学Ⅱ	サクシード 数学Ⅱ＋B	数研出版
理科	生物基礎	スクエア最新図説生物neo	第一学習社
		セミナー生物基礎＋生物	第一学習社
	地学基礎	ニューステージ新地学図表	浜島書店
		センサー地学基礎	啓林館

外国語	コミュニケーション英語I	Genius I 文法・構文ドリル	大修館書店
		Genius I 生徒用音声CD	大修館書店
		Longman Active Study 英英辞典	ピアソン
		英単語ターゲット1200	旺文社
		DUO 3.0	アイシーピー
		DUO 3.0 CD復習用	アイシーピー
		Crossbeam 1 総合・必修編（CD・提出ノート付）	エミル出版
		Crossbeam 2 総合・必修編（CD・提出ノート付）	エミル出版
		Crossbeam 3 総合・必修編（CD・提出ノート付）	エミル出版
		Cutting Edge 1（ナビブック・CD付）	エミル出版
		Three Fairy Tales from Oscar Wilde（リスニングブック・CD付）	エミル出版
		Three Love Stories from O. Henry（リスニングブック・CD付）	エミル出版
		The Tempest	Oxford University Press
	英語表現I	基礎からの新々総合英語	数研出版
		Grand View English Grammar in 30 Stages	数研出版
		英語の発音ノート	数研出版
		POLESTAR English Expression I レッスンブック	数研出版
情報	情報の科学	事例でわかる情報モラル	実教出版
人間と社会		東京都教育委員会著作準教科書「人間と社会」	東京都
選択			
芸術	音楽I	MUSIC NOTE 基礎から学ぶ高校音楽	啓隆社

2年生

国語	現代文B	上級入試漢字	桐原書店
		アップリフト現代文［入試発展］	Z会出版
		ちくま評論選	筑摩書房
		常用国語便覧	浜島書店

教科	科目	補助教材名	発行所
国語	古典B	完全マスター古典文法	第一学習社
		文脈から理解する　新読解古文単語	桐原書店
		アップリフト古文［入試標準］	Z会出版
		力をつける古典　ステップ3	数研出版
		必携　新明説漢文	尚文出版
		必携　新明説漢文シリーズ　基本練習ノート	尚文出版
		応用漢文	尚文出版
		常用国語便覧	浜島書店
地理歴史	世界史B	世界史用語集	山川出版社
		グローバルワイド最新世界史図表	第一学習社
		新世界史研究ノート　応用編	啓隆社
公民	倫理	詳解　倫理資料	実教出版
数学	数学Ⅱ	項目別学習ノート　関数・極限	数研出版
	数学Ⅱ　数学B	サクシード　数学Ⅱ＋B	数研出版
理科	物理基礎	セミナー物理基礎＋物理	第一学習社
	化学基礎	スクエア最新図説化学	第一学習社
		センサー総合化学　化学基礎＋化学	啓林館
外国語	コミュニケーション英語Ⅱ	Genius II　文法・構文ドリル	大修館書店
		Genius II　生徒用音声CD	大修館書店
		Cutting Edge 2	エミル出版
		Cutting Edge 2　音声CD	エミル出版
		話題別英単語リンガメタリカ	Z会出版
		話題別英単語リンガメタリカ　CD	Z会出版
		CBS NewsBreak 2	成美堂
		英文読解の透視図	研究社
	英語表現Ⅱ	UPGRADE　英文法・語法問題	数研出版

		UPGRADE 英文法・語法問題 完全演習 標準編	数研出版
		入試必携 英作文 Write to the Point	数研出版
		夢をかなえる英文法 ユメブン1 高校修了〜大学入試レベル	アルク
		英文法解説	金子書房
家庭	家庭基礎	生活学Navi	実教出版
選択 芸術	音楽Ⅱ	ベートーヴェン 交響曲第9番 終楽章	音楽之友社

3年生

国語	現代文B	漢字マイスター頻出漢字熟語3000	第一学習社
		常用国語便覧	浜島書店
		現代文 キーワード読解	Z会出版
		ちくま評論選	筑摩書房
		入試につながる 現代文	ラーンズ
公民	政治・経済	最新図説政経	浜島書店
外国語	コミュニケーション英語Ⅲ	PRO-VISION English Communication Ⅲ Workbook	桐原書店
		PRO-VISION English Communication Ⅲ 生徒用学習CD	桐原書店
		Make Progress in English Reading	数研出版
		Make Progress in English Reading CD	数研出版
		CLOVER 英文法・語法ランダム演習 入試発展	数研出版
		英文速読ドリル 10minutes Level3	Z会出版
		話題別英単語リンガメタリカ	Z会出版
		話題別英単語リンガメタリカ CD	Z会出版
		Change the World[Advanced]	いいずな書店
		Change the World[Advanced] CD	いいずな書店
		Cutting Edge 3	エミル出版
		Cutting Edge 3 音声CD	エミル出版

教科	科目	補助教材名	発行所
英語	英語表現Ⅱ	Critical Point 2 文法・入試完成	エミル出版
		Write it Right 英作文	数研出版
		重要 英語発音・アクセント700選	数研出版
		重要 英語発音・アクセント700選CD	数研出版
		英文法・語法 Vintage	いいずな書店
		基礎からの新総合英語	数研出版
		入試必携 英作文 Write to the Point	数研出版
選択			
国語	古典B（文理共通教材）	完全マスター古典文法	第一学習社
		完全マスター古典文法準拠ノート実力養成	第一学習社
		文脈から理解する 新読解古文単語	桐原書店
		必携 新明説漢文	尚文出版
		必携 新明説漢文ノート	尚文出版
		常用国語便覧	浜島書店
	古典（文系）	完成 古文	尚文出版
		プログレス漢文総演習 完成編	いいずな書店
	古典B（理系）	新しいセンター試験国語対策問題集 古典編	桐原書店
		実践センター演習 古典編	数研出版
地理歴史	世界史B	世界史用語集	山川出版社
		グローバルワイド最新世界史図表	第一学習社
		センター世界史	啓隆社
	日本史B	詳説日本史図録	山川出版社
		詳録日本史史料集成	第一学習社
	地理B	データブック オブ・ザ・ワールド	二宮書店
		ウィニングコンパス 地理の整理と演習	東京法令出版
		新編 地理資料	東京法令出版

資料② 補助教材

		サクシード地理 センター試験までの基礎固め	啓隆社
公民	倫理	詳解 倫理資料	実教出版
数学	数学Ⅱ	ニュースタンダード数学演習Ⅰ・A＋Ⅱ・B（受験編）	数研出版
		スタンダード数学演習Ⅰ・Ⅱ・A・B（受験編）	数研出版
		オリジナル数学演習Ⅰ・Ⅱ・A・B（受験編）	数研出版
	数学Ⅱ＋B	メジアン数学演習Ⅰ・Ⅱ・A・B（受験編）	数研出版
	数学Ⅲ	サクシード 数学Ⅲ	数研出版
		オリジナル・スタンダード数学演習Ⅲ（受験編）	数研出版
理科	物理基礎	大学入試センター試験対策 チェック&演習 物理基礎	数研出版
	物理	物理重要問題集 物理基礎・物理	数研出版
		大学入試センター試験対策 チェック&演習 物理	数研出版
	化学基礎	センター試験対策問題集 化学基礎	啓林館
		スクエア最新図説化学	第一学習社
	化学	化学重要問題集 化学基礎・化学	数研出版
		スクエア最新図説化学	第一学習社
	生物基礎	レッツトライノート生物基礎	東京書籍
	生物	セミナー生物基礎＋生物	第一学習社
		スクエア最新図説生物neo	第一学習社
	地学基礎	ベストフィット地学基礎	実教出版
		ニューステージ新地学図表	浜島書店
外国語	コミュニケーション英語Ⅱ	CLOVER 英文法・語法ランダム演習 入試発展	数研出版

資料③ 受験前の特別講座

※2016年
※Ⅰ期＝12月7～22日、Ⅱ期＝1月10～13日、Ⅲ期（センター試験後）＝1月17～27日

教科	科目	講座名	1講座の時限数 Ⅰ期	Ⅱ期	Ⅲ期	内容
国語	古典B	古典センター演習A	4	2		センター問題演習（解答20分・解説25分）×2）
		古典センター演習B	4	2		
		古典センター演習C	4			
		古典センター演習D	4			
		古文記述演習α			4	国公立大の2次記述対策（30分で解答、50分で解説と添削指導）
		古文記述演習β			2	
		漢文記述演習α			4	
		古文単語 演習A	6	1		全7回（古文単語の意味や用法、確認とテスト）
		古文単語 演習B	6	1		
		古文単語 応用A			2	古典単語・演習の応用
		古文単語 応用B			2	
	現代文B	現代文記述演習			4	現代文記述演習
		センター現代文演習A	10	2		全6回（評論＋小説を解答・解説）
		センター現代文演習B	8	4		
地理歴史	世界史B	世界史① 古代～中世	14			月・火・木（午前）、一橋大対策ほか
		世界史② 近現代	14			水・木（午後）、東大対策ほか
		センター世界史		10		センター対策
		早慶対策			14	早慶大の対策
	日本史B	日本史演習①②	8	2	6	センター演習（ⅠⅡ期）＋論述添削（Ⅲ期）※①②は同内容

	地理B	地理B センター演習ABC		10	2		大問ごとのテーマで過去問を用いて解答・解説、誤りやすいポイントを指摘 ※ABCは同内容
公民	倫理	センター倫理		4			センター問題演習(全2回、1回目(2講座)+2回目(不足分補充1講座))
		生命倫理		2			脳死・生殖医療などの実情と問題点・解説
	政治・経済	政治・経済演習AB		15	3		センター問題演習(1時間目に問題演習、6・7時間目に解説) ※ABは同内容
		政治・経済講義		8	2		司法、地方自治、立法、行政の細部についての講義
数学	数学ⅠA	センター数学ⅠA①	a	6	2		問題集「センター直前演習ⅠA」の第3・5・7・9回(60分で解き、解説) ※abは同内容
			b	6	2		
		センター数学ⅠA②	a	6	2		問題集「センター直前演習ⅠA」の第4・6・8・10回(60分で解き、解説) ※abは同内容
			b	6	2		
	数学ⅡB	センター数学ⅡB①	a	6	2		問題集「センター直前演習ⅡB」の第3・5・7・9回(60分で解き、解説) ※abcは同内容
			b	6	2		
			c	6	2		
		センター数学ⅡB②	a	6	2		問題集「センター直前演習ⅡB」の第4・6・8・10回(60分で解き、解説) ※abcは同内容
			b	6	2		
			c	6	2		
	数学Ⅲ	数学Ⅲ		12		6	微分・積分・入試問題演習(「オリジナルスタンダード」章末問題を含む)

教科	科目	講座名	1講座の時限数 Ⅰ期	Ⅱ期	Ⅲ期	内容
数学	数学Ⅲ	数学C			6	複素数平面のみ・入試問題演習（「オリジナルスタンダード」章末問題を含む）
	数ⅠAⅡB	数学S	8		6	ⅠAⅡB記述・入試問題演習（「スタンダードⅠAⅡB」を含む、東大・京大・一橋大など）
		センター数学　朝	12	4		プリントによる確認学習　※朝学習からの1時限目のみ
	数学A	数学D	6		4	整数・入試問題演習
		数学E	6		4	場合の数、確率・入試問題演習
	数学B	数学F	6		4	数列・入試問題演習
		数学G	6		4	ベクトル・入試問題演習
	数学Ⅰ	数学Ⅰのみ（センター）	6			センター試験「数Ⅰ」のみでの受験者対象
理科	物理基礎	センター物理基礎Cα	2			センター対策の演習
	物理	センター物理Aα	4	2		センター対策の演習（問題集「パックV　物理」第1・2・5回）
		センター物理Aβ	2	2		センター対策の演習（問題集「パックV　物理」第3・4回）
		二次対策　物理Bα	4		6	二次対策演習
		二次対策　物理Bβ	4		4	二次対策演習
	化学基礎	センター化学基礎AB	2	3		センター試験「化学基礎」問題演習（問題を解き、自己採点後に解説）　※ABは同内容
	化学	センター化学AB	10			センター試験「化学」問題演習（問題を解き、自己採点後に解説）　※ABは同内容

資料③ 受験前の特別講座

		化学ABC	4		4	化学全範囲の二次対策・問題演習（前半で問題を解き、後半で解説）※ABCは同内容
		化学D		4	4	化学全範囲の教科書レベルの講義と問題演習
	生物基礎	生物基礎演習 ウ・エ	4	2		リクエストによって用意した過去問などによる個別問題演習（1時間ずつ）※6限・7限選択者
	生物	生物センター	4			生物基礎センター演習
		生物必選	10		6	2次試験に応じる問題・図説のチェック（I期はセンター演習も行なう）
		生物自選	10	2	2	リクエストによって用意した過去問などによる個別問題演習
	地学基礎	地学基礎 アイウエ	2	2		センター試験の直前演習（1時間ずつ）※ア～エは同内容
保健体育	体育	体育	9	3	3	体育・スポーツ系学部の実技試験対策
英語	コミュニケーション英語Ⅲ	センターリスニング ABCDE	3	1		センターリスニング対策（1時間ずつ）※A～Eは同内容、講座によって時間数が異なる
		センター筆記対策A	4			センター筆記演習
		センター筆記対策B	4			
		センター筆記対策C	6	2		
		センター筆記対策D	6	2		
		センター筆記対策E	4	2		
		語法、発音A	3	1		語法、発音問題演習
		語法、発音S	3	1		

教科	科目	講座名	1講座の時限数 Ⅰ期	Ⅱ期	Ⅲ期	内容
英語	コミュニケーション英語Ⅲ	国公立 英作文			14	国公立大の英作文対策
		国公立 記述			6	国公立大の記述～要旨・和訳
	英語表現Ⅱ	私大英作文A	4			私立大の英作文対策
		私大英作文B	4			
		私大英作文C	6	2		
		私大英作文D	6	2		

切りとり線

★読者のみなさまにお願い

この本をお読みになって、どんな感想をお持ちでしょうか。祥伝社のホームページから書評をお送りいただけたら、ありがたく存じます。今後の企画の参考にさせていただきます。また、次ページの原稿用紙を切り取り、左記まで郵送していただいても結構です。

お寄せいただいた書評は、ご了解のうえ新聞・雑誌などを通じて紹介させていただくこともあります。採用の場合は、特製図書カードを差しあげます。

なお、ご記入いただいたお名前、ご住所、ご連絡先等は、書評紹介の事前了解、謝礼のお届け以外の目的で利用することはありません。また、それらの情報を6カ月を越えて保管することもありません。

〒101-8701（お手紙は郵便番号だけで届きます）
祥伝社新書編集部
電話03（3265）2310
祥伝社ホームページ　http://www.shodensha.co.jp/bookreview/

★本書の購買動機（新聞名か雑誌名、あるいは○をつけてください）

＿＿＿＿新聞の広告を見て	＿＿＿＿誌の広告を見て	＿＿＿＿新聞の書評を見て	＿＿＿＿誌の書評を見て	書店で見かけて	知人のすすめで

★100字書評……日比谷高校の奇跡

					名前
					住所
					年齢
					職業